동감

가슴으로 읽는 동화 처방전

박이철

형설 eLife

프롤로그

"동감"을 이해하기 위해서는 호랑이 이야기를 이해해야 한다.

그래서 본격적인 이야기를 진행하기에 앞서 '니 마음대로 사세요(2020, 특별한 서재, 박이철)'에서 이미 소개되었던 호랑이 이야기를 소환해보겠다.

<사춘기 아들과 아빠가 한창 말씨름을 벌이다가 아들이 방문을 쾅 닫고 들어간 뒤 문을 걸어 잠근다. 화가 난 아빠는 아들의 버릇을 고쳐주겠노라며 아들의 방문을 부서져라 두드리는데 막상 문이 열리고 난 뒤 눈물을 뚝뚝 떨구고 있는 아들의 모습을 보자 매가 답이 아니라는 사실을 깨닫는다. 그래서 그는 아들에게 최대한 침착한 목소리로 이렇게 말한다.

"아들, 오늘 네 호랑이가 또 튀어나왔어. 알지? 네가 네 호랑이를 다스리지 못하면 아빠가 대신 다스릴 수밖에 없잖아. 그러면 네 호랑이는 아빠의 말을 듣는 아빠의 노예가 되는 거야. 네 호랑이는 네가 다스려야지. 그 방법을 터득한다면 앞으로 네가 살아갈 세상을 다스리는 법도 알게 될 거야.">

우리는 누구나 호랑이를 가지고 있다. 호랑이는 바로 우리 자신이다. 호랑이는 본능에 따라 반응을 한다. 호랑이가 가장 쉽게 깨어나는 순간은 결핍을 느낄 때이다. 무언가 부족하다고 느끼는 이 본능적인 '느낌'만으로 호랑이는 포효한다. 불평하고 화를 내고 억지를 부리고 아프다고 울부짖는다. 호랑이는 뒤돌아 곱씹지 않고 두 번 생각하지도 않는다. 마음의 감정이 출렁대는 것만으로 호랑이는 각성하고 즉각적으로 반응을 한다. 인간은 누구나 본능에 충실한 육체를 가지고 있으므로 우리는 저마다의 호랑이를 데리고 살아야만 하는 운명인 것이다.

호랑이가 원하는 것은 단순하다. 배부르게 먹고 싶고, 따뜻하고 편안하게 있고 싶고, 사랑을 받고 싶어 한다. 그래서 불편하고 부족하고 남과 비교해서 내가 뒤처지는 것에 민감하다. 그러나 우리에게 호랑이만 있는 것이 아니다. 이런 호랑이를 길들이는 조련사도 있다.

호랑이가 본능적인 우리의 육신이라면 조련사는 보다 깊은 '자각'이 필요한 우리의 정신이다. 우리 안에는 호랑이와 조련사가 나란히 존재한다. 그런데 호랑이는 수시로 활보하고 다니지만 조련사는 스스로를 '자각'해야 한다. 자신의 호랑이를 스스로 다스릴 수 있다는 조련사로서의 각성이 있어야 눈을 뜨게 되는 것이다. 조련사를 깨우는 것은 쉽지 않다. 그러나 일단 조련사가 활동을 시작하고 나면 우리는 '호랑이를 조련하는 조련사'로서 완전한 '나'로 살아갈 수 있게 된다. 진정한 나는 호랑이나 조련사가 아니라 호랑이와 더불어 살아가는 조련사인 것이다.

조련사로서의 자각이 없다면 우리는 진짜 '나'를 만난 적이 없는 것이다. 그리고 겉으로 드러나는 게 나라고 생각하고 살아간다. 걸핏하면 화가 올라와서 참지 못하는 사람은 자신이 화가 많은 사람이라고 생각하고, 우울한 생각이 자꾸 드는 사람은 자신이 우울한 사람이라고 생각하고, 물건을 갖고 싶은 충동을 참지 못하고 자꾸 무언가를 사대는 사람은 자신이 낭비벽이 있는 사람이라고 생각한다. 그러나 이렇게 본능을 통제하지 못하고 나타나는 현상은 그 현상 자체에 원인이 있는 것이 아니라 조련사가 제대로 눈을 뜨지 못했기 때문이다.

조련사가 각성을 해서 호랑이로 하여금 진짜 '나'의 주인이 누구인지를 깨닫게 해주고 결핍을 못 견뎌하는 호랑이를 길들이는 것만으로 결핍이 꼭 불행으로 이어질 필요가 없게 되고 불필요한 욕심을 부리거나 과한 기대를 하지 않게 된다. 자신에게 아무런 득이 되지 않을 상처를 스스로에게 주는 일이 없어지면 우리가 삶에서 덜어낼 수 있는 불행의 양이 상당할 것이다.

우리는 매일의 일상에서 시도 때도 없이 튀어나와서 나를 쥐고 흔드는 호랑이와 이를 길들이려는 조련사의 싸움을 하고 있다. 결국 우리의 삶의 미션은 남과의 싸움에서 이기는 것이 아니라 자신의 호랑이를 잘 조련하는 '훌륭한 조련사'가 되는 것이다. 남과 싸워서 이기는 것이 아니라 자신의 호랑이를 잘 다스리는 자가 진정한 승자가 되기 때문이다. 그런데 어떻게 하면 훌륭한 조련사가 될 수 있을까?

사람마다 호랑이의 모습은 제각각이다. 부족한 게 많아서 화를 잘 내는 난폭한 호랑이에서부터 사랑을 받지 못해서 사랑받는 사람들을 유난히 질투하는 질투심 많은 호랑이, 배고픈 것을 참지 못해서 음식만 보면 시도 때도 없이 먹어대는 식탐 많은 호랑이, 머릿속에 떠오른 말을 아무 생각 없이 입 밖으로 내뱉는 수다쟁이 호랑이 등 본능에 충실한 호랑이는 서로 다르게 모습을 드러낸다. 그중에는 물론 아무런 부족함도 없이 자란 순하디 순한 호랑이도 있다. 흔히 '금수저'로 분류되는 태생의 사람들이다.

그러나 금수저 호랑이에게도 위험은 있다. 살다가 혹시라도 그 금수저를 떨어뜨리는 날이 오면 금수저에 의존해서 살아온 만큼 절망하여 스스로를 해치게 되기도 한다. 부유한 가정에서 태어나서 모자란 것을 모르고 살다가 어느 날 갑자기 사업이 부도가 나거나 가세가 기울어 가난이 찾아오면 난생 처음 '결핍'을 경험하게 된 호랑이는 더 이상 순할 수만은 없다. 오히려 다른 호랑이들보다 가벼운 결핍에도 더욱 예민하고 난폭한 반응을 보인다. 호랑이는 어쩔 수 없는 호랑이기 때문이다. 그런데 운이 좋아서 끝까지 금수저를 놓치지 않고 살아간다고 해도 결코 좋은 것만은 아니다. 그러면 호랑이가 깨어날 일이 없기에 스스로를 조련사로 단련할 기회도 없게 된다. 진짜 자신의 진면목을 만날 기회를 갖지 못하고 삶을 다하게 되는 것이다.

그래서 삶은 몹시 불공평하면서도 한편으로는 공평한 것이다. '훌륭한 조련사가 되는 것'이라는 목표는 누구에게나 같다. 불공평한 환경과 불공평한 사회 속의 어느 지점에서 살아가고 있던지 우리가 궁극적으로 추구해야 할 것은 이 하나의 목표이다. 그런데 풍요롭고 순탄한 삶을 사는 이들일수록 조련사가 각성할 기회는 적어지고 거친 호랑이를 데리고 태어난 이들일수록 조련사가 각성할 기회가 많아진다. 부족한 것이 많은 인생일수록 스스로 훌륭한 조련사가 될 확률이 더 높아지는 것이다.

살다가 잦은 암초를 만날 때 사람들은 왜 나만 사는 게 이렇게 힘이 드냐고 한탄을 한다. 그러나 암초는 나에게 기회다. 조련사는 오직 호랑이가 깨울 때만 눈을 뜬다. 호랑이가 조련사를 깨우는 경우는 두 가지이다. 첫째는 자신이 감당할 수 없는 일을 만났을 때, 시련이나 고통, 고난과 좌절, 외로움이 너무나 클 때 어찌할 바를 몰라 당황한 호랑이가 포효를 하게 되고 조련사가 깨어난다.

살면서 우리를 성장시키는 건 성공이나 행복이 아니다. 스스로 한 뼘 자랐다고 느낄 때는 극복하기 힘들 정도로 어렵고 괴로운 장애물을 넘어서는 순간이다. 우리의 일상을 무너뜨리고 고통으로 몰아넣는 일이 우리를 살찌우는 자양분이 되는 것이다. 반대로 말해서 우리의 마음을 한없이 편안하게 만들어주고 위안을 주는 것들이 지나치게 지속되면 오히려 그것이 우리를 제자리걸음을 하게 만드는 요인이 될 수 있다. 안주하고 싶어지기 때문이다.

안정된 삶은 누구나 바라는 것이겠지만 때로 벼린 칼날 위를 아슬아

슬하게 걸어야 하는 순간이 올 때 불평을 할 것이 아니라 감사해야 한다. 비로소 신경을 바짝 곤두세우고 한 걸음 나아갈 기회를 맞게 된 것이기 때문이다. 호랑이가 거칠게 날뛰면 날뛸수록 조련사가 치러야하는 대가도 몇 갑절은 되겠지만 마침내 호랑이를 잠재우는 그 순간에 조련사의 능력은 결코 그 이전과 같지 않을 것이다. 그것이 바로 '성장'이다. 그러나 조련사를 깨우지 못하고 호랑이만 활보하도록 내버려둔다면 그것은 시련 앞에 무릎을 꿇고 오히려 호랑이의 먹이가 되고 마는 꼴이다.

호랑이가 조련사를 깨우는 두 번째 경우는 자신이 생각하기에 벅찬 어려운 질문을 만났을 때이다. 예를 들면, "삶이란 무엇인가?", "나는 누구인가?", "나의 살아가는 목적은 무엇인가?"와 같은 질문들처럼 삶의 근본을 캐는 물음들 자체가 바로 호랑이를 깨운다. 정답이 없는 이런 질문들은 소리 없이 등 뒤를 덮치는 호랑이처럼 난데없이 나타나 우리를 우울의 우물 속으로 밀어 넣을 수도 있다. 그 답을 찾기 위해서는 조련사가 눈을 떠야만 하는 것이다.

사실 이런 경우에는 호랑이가 나타난 것만으로 감사해야 할 일인지도 모른다. 그것은 우리가 살면서 스스로에게 이런 질문을 던질 만큼 정신적 깊이를 갖추고 삶의 성찰을 이루며 살아가고 있다는 증거가 되기 때문이다. 당장 먹고 살기도 바쁜 일상에 쫓기다보면 사는 데 아무런 실질적인 도움도 되지 않는 이런 질문들은 대충 모른 척하거나 묻고 살기 십

상이다. 그러니 이런 호랑이가 나타나 우리의 마음속을 파고들지 않으면 조련사의 능력을 발휘할 수가 없게 된다.

어려운 질문에 대한 답을 고민할 때 질문과 생각의 관계를 살펴보면 지식과 지혜의 관계를 이해할 수 있다. 지식은 밖에서 들어오는 것이고 지혜는 자신의 안에서 나오는 것이다. 밖에서 들어온 지식이 지혜가 되기 위해서는 그 지식에 의문을 가져야 한다. 보통 우리가 궁금해 하는 것은 우리가 잘 모르는 것들이다. 지식에 의문을 가지기 위해서는 그것을 스스로 모른다는 것을 인정해야 한다. 그래야 무지의 자아를 만날 수 있고, 이 무지의 자아는 자신의 무지를 겸손하게 인정함으로써 질문으로 나아갈 수 있게 되는 것이다. 그리고 무지의 자아를 통해 지식에 대해 질문이 생기면 비로소 깊은 생각에 빠지게 된다. 생각이 깊어지면 무수히 많은 가능한 답들을 만나게 되는데, 이것을 찾아내는 것이 조련사가 하는 일이다.

법구경에 '지식은 빗물과 같이 땅에 고이지만 지혜는 샘물처럼 솟아난다.'는 말이 있다. 지식은 표면적이다. 나에게 '고인' 지식은 겸손한 질문을 통해 내면 깊이 내려간다. 이때 호랑이가 깨운 조련사가 빗물처럼 스며든 지식들과 그동안 쌓은 경험들을 바탕으로 여러 가지 답들을 알려준다. 명심보감에 따르면 '한 가지 일을 겪지 않으면 하나의 지혜가 생기지 않는다.'고 한다. 어떤 일에 성공을 하든 실패를 하든 그 일을 계기로 우리는 무언가 하나의 깨달음을 얻게 된다. 이러한 개인적 경험에서 얻는 지혜와 선인(先人)들이 축적해 놓은 것을 전수받은 선험적 지혜가 생각의 층이 되어 지식의 불순물을 제거하고 근원에 다다른 지식은 순수한 샘물로 다시 솟구쳐 올라온다. 이것이 바로 진정한 지혜이다.

  지식은 넘쳐나지만, 지혜는 귀한 세상이다. 지식은 아무리 많이 쌓아도 기억이 없어지면 한순간에 잊어지지만 지혜는 한 번 생겨난 것으로 영원하다. 지식은 틀에 맞아야 진리가 되지만 지혜는 어떠한 틀에도 맞출 수 있다. 지식은 가르침의 결과이나 지혜는 가르칠 수 없다. 지식은 인식하고 지혜는 깨닫는 것이다. 지식은 맞고 틀리는 것을 가리고 지혜는 옳고 그름을 가린다. 조련사가 눈을 떴을 때 지식은 지혜가 되는 것이다.

  이 개구리 동화에서 소개되고 있는 개구리들은 바로 이 호랑이들의 각각의 모습이라고 생각하면 한결 따라오기 쉬울 것이다.

목차

프롤로그 ·· 2

Chapter 1 개구리 교실 ··· 13
동화 따라 배워보기 ·· 29
Self 심리상담 ··· 57

Chapter 2 반장 선거 ··· 67
동화 따라 배워보기 ·· 79
Self 심리상담 ·· 101

Chapter 3 욱이 좀 전학 시켜주세요 ······································· 113
동화 따라 배워보기 ··· 125
Self 심리상담 ·· 145

Chapter 4 기대 전학 오다 ·· 153
동화 따라 배워보기 ··· 165
Self 심리상담 ·· 189

Chapter 5 걱정이의 전학 ··· 199
동화 따라 배워보기 ··· 211
Self 심리상담 ·· 227

Chapter 6	**잘난이의 역습**	237
동화 따라 배워보기		247
Self 심리상담		267

Chapter 7	**주인 노릇하는 멋쟁이**	275
동화 따라 배워보기		287
Self 심리상담		309

Chapter 8	**마음고생**	319
동화 따라 배워보기		331
Self 심리상담		357

Chapter 9	**감동이 개구리**	369
동화 따라 배워보기		383
Self 심리상담		407

Chapter 10	**방안에 불켜기**	417
동화 따라 배워보기		429
Self 심리상담		449

Chapter 1
개구리 교실

짜증을 잘 부리는 개구리, 짜증이

화를 잘 내는 개구리, 욱이

잘난 체하는 개구리, 잘난이

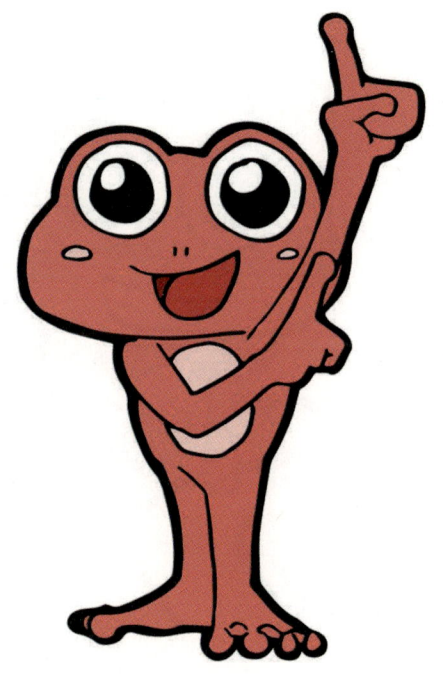

허풍 떠는 개구리, 허풍이

까부는 개구리, 까불이

다른 개구리가 말만 하면 빈정대는 빈정이

그리고, 이 반에서 제일 착한 감동이

이렇게 일곱 개구리가 한 반입니다.

선생님만 안 계시면,
우리 교실은 이렇게 난리가 납니다.

하지만, 저희 지혜로운 선생님이 오시면,
모두 이렇게 조용히 제자리를 찾아갑니다.

선생님이 물으십니다.

"연못의 물은 나무 몇 그루를 담지만,
강물에서는 더 큰 산을 볼 수 있지,
왜 그럴까?"

아무도 답을 못하자 선생님이 말씀해주십니다.

"그건 말이다, 물은 그 물의 크기만큼
세상을 담을 수가 있기 때문이란다."

"그럼, 우리의 마음이 점점 커지고
넓어진다는 것은 어떤 뜻일까?"

감동이가 손을 들었습니다.

"선생님, 우리 마음이 넓어지는 것은 우리가
예전에는 맘에 들지 않았던 것들이 맘에 많이
들어오는 것으로 알 수 있지 않을까요?"

선생님은 고개를 끄덕였고,
다른 개구리들은 박수를 쳤습니다.

동화 따라 배워보기

1. 이곳은 어디인가?

이 개구리 교실은 어디인가? 처음 이 개구리 교실을 접하고 난 사람들은 그냥 그런 동화 한 편을 읽었다고 생각하기 쉽다. 하지만, 이곳이 어디인지 묻는 동안 사람들의 생각은 깊어지게 되고, 그곳이 어디인지 알아내게 되면 이 재미있는 심리여행이 시작되는 것이다.

그렇다.
이곳은 바로 우리의 마음속이다.
우리의 마음속에 사는 수많은 개구리들, 앞서 소개한 호랑이와 빗대서 이야기하자면, 한 마리의 호랑이에게도 수많은 속성이 있다. 배가 부르고 자녀들과 있는 호랑이는 한없이 인자해 보일 수도 있다. 하지만, 먹이를 사냥하는 호랑이는 얼마나 포악스러운가?
"가시나무"라는 노래의 가사에는 이런 내용이 있다.
'내 속엔 내가 너무도 많아, 당신의 쉴 자리를 뺏고'
이 노래를 듣는 사람이라면 모두가 고개를 끄덕인다. 이유가 무엇일까?
그것은 바로 자신의 안에 또 다른 자신들이 너무도 많다는 사실을 인정하는 것이다. 그것은 인정한다는 것을 넘어서, 이미 잘 알고 있다는 것이다.
자신의 안에 이렇게 수많은 자신이 있다는 것은 무엇을 의미할까?
그것은 자신의 안에만 이런 수많은 자신이 있는 것이 아니라, 누구의 마음속에나 그 혼자만이 아니라 수많은 자신이 존재한다는 반증이 되는 것이다.

그러니까, 우리가 흔히 만나는 아주 이중인격자라고 손가락질 받는 사람들에게조차 우리는 그것이 얼마나 당연한 것인가 하는 것을 깨달아야 한다.

그것이 당연하다는 것을 깨닫지 못하기 때문에 우리는 서로를 비난하고, 비판하며, 괴로워한다.

이곳이 자신의 마음속이라면, 우리는 우리 마음을 제대로 알아봐야 한다.

우리 마음을 제대로 알지 못하면서 다른 사람의 마음을 알려고 한다는 것은 모순이다.

내 마음속에서 이미 수많은 갈등들이 일어나고 있는데, 자신에게 일어나는 갈등은 보지 못하면서 타인의 모순만을 보고 비판한다는 것은 또 얼마나 모순된 일인지를 깨달아야 한다.

이 개구리 교실은 바로 우리의 마음이다.

그리고 이 개구리들은 남에게만 있는 것이 아니라 나에게도 있고, 모두에게 있다.

단지 지금까지의 차이점은, 그 교실이 어떤 영향을 받아왔는가에만 있었다.

다시 말해서, 누군가는 좋은 환경에서 좋은 부모님을 만나고 좋은 품성을 키우다 보니 좋은 사람이라는 평가를 받아왔고, 누군가는 나쁜 환경에서 불행한 부모님을 만나서 나쁜 품성이 자라다 보니 나쁜 사람이 되어왔을 뿐이라는 것이다.

즉, 자신의 선택에 의해서 좋은 사람이 되거나 나쁜 사람이 된 것이 아니라, 그냥 모두 '운' 때문에 그렇게 되어 왔다는 것이다.

하지만, 이것은 지금까지의 이야기에 불과하다.

지금부터는 이야기가 다르다.

지금부터의 이야기는 자신 스스로의 선택에 대한 이야기이다.

이 개구리 동화를 읽고 함께 깊이 있게 들어가게 된다면 누구나 자신의 삶을 선택하는 선택권자가 된다.

이제부터 차근차근 개구리 교실을 따라 들어가 보자.

2. 짜증을 잘 부리는 개구리, 짜증이

많은 사람들을 지배하고 있는 개구리 중의 하나다. 짜증이.

얼굴 표정만 봐도 뭔가 짜증이 한껏 나 있는 듯하다.

여러분 주변의 사람들을 한번 떠올려 보라

이런 사람들이 얼마나 있는가?

그렇다면, 이런 사람들을 만날 때 여러분은 어떤 생각이 들었는가?

아마 여러분도 똑같이 짜증이가 나와서 그를 대면했을 지도 모른다.

만약 그랬다면, 그 사람의 짜증이는 들어가고 다른 개구리가 나왔을까?

아마도 아닐 게다. 그 사람에게는 짜증이가 더 나왔을 것이다.

왜 그럴까?

짜증이가 나온 사람은 아마도 당신 때문에 짜증이가 나왔다고 생각하기가 쉽다.

누가 먼저 짜증이가 나왔는지는 아무도 모를 일이다. 그냥 서로의 짜증이를 보면서 서로 확신할 것이다. 왜냐하면, 자신의 짜증이는 자신으로서는 볼 수 없는 존재이기 때문이다.

그렇다면 짜증이는 왜 나왔을까?

짜증이가 나온 이유는 모두 제각각이다.

하지만, 그 근본으로 들어가면 모두 하나가 된다.

그 근본을 들어가기에 앞서 여러분을 비롯해서 모든 사람들이 짜증이를 싫어한다는 사실을 다시 한번 생각해보자.

왜 모든 사람들은 짜증이를 싫어할까?

심지어는 짜증을 일상으로 사는 사람조차도 다른 사람의 짜증이를 보게 되면, 더 짜증을 내는 것으로 봐서는 분명히 싫어하는 것이 확실하다.

사람들이 짜증이를 보는 순간 사람들의 눈에는 짜증이가 들어온다.

이것은 신기하게도, 마치 보는 대로 형상이 변하는 SF영화의 한 장면처럼 우리 눈에 들어오는 어떤 상태로 우리는 변화하게 되는 것 같다.

그러니까 아름다운 경치를 보면 마음이 평온해지고 그 아름다움을 닮아가는 것처럼, 좋은 음악을 들으면 그 음악과 같이 행복해지는 것처럼, 짜증이를 보는 순간 우리는 짜증이가 되어버린다.

참 신기한 일이다.

그러니까 결국 짜증을 내는 사람을 싫어하는 이유는 스스로 짜증이가 되는 자신을 거부하는 것인지도 모른다.

그러면, 그럼에도 불구하고 왜 짜증이가 나오게 될까?

그러니까, 짜증이가 그토록 싫으면 짜증이가 나오지 말아야 하는데, 짜증이가 나오는 이유는 무엇일까? 그것은 아이러니하게도 짜증이가 바라는 것은 짜증을 안 내는 것이기 때문이다.

짜증이는 짜증내는 것을 싫어한다.

그래서 짜증을 내는 것이다.

짜증이가 짜증내는 것을 싫어해서 짜증을 내고, 그러니까 더 짜증이 나는 악순환에 빠져 버린 것이다.

그렇다면 짜증이가 진정으로 바라는 모습은 무엇일까?

모든 짜증이들이 진정으로 바라는 세상은 온화하고 아름다운 모습이다.

자신의 모습과는 다른 모습을 추구하는 것이다.

다시 말해서 짜증이는 사랑받고 싶어서 짜증을 내고 있는 것이다.

여러분이 거울을 한번 보라.

그리고 이 개구리처럼 짜증나는 얼굴을 보게 된다면, 당신은 이미 짜증이의 마수에 걸린 것이다. 하지만 너무 겁먹을 필요는 없다. 왜냐하면, 짜증이는 아직 자신이 누군지도 모르는 불쌍한 존재일 뿐이기 때문이다.

이 '동감'을 따라가다 보면, 그 짜증이를 잘 통제할 방법을 발견하게 될 것이기 때문이다.

3. 화를 잘 내는 욱이

욱이는 짜증이와 단짝이다.

짜증이 심해지면 욱이가 된다.

욱이는 매우 폭력적이다. 그래서 욱이가 나오는 사람들은 힘으로써 자신의 문제를 해결하고자 한다. 그리고 힘으로써 문제가 해결된 경험이 있는 사람에게는 확신이 생긴다. 그리고 모든 문제를 힘으로 해결하려고 한다.

여기까지 읽으면서 여러분은 '음, 그런 무식한 사람들이 있어?'라고 누군가를 떠올릴 지도 모르겠다. 하지만 이런 것은 어떤가?

여러분이 중요하다고 느끼는 모든 가치, 예컨데 돈, 권력, 사회적 지위, 이런 것들을 뭐라고 하면 좋을까? 그것이 바로 힘이다. 현대사회는 조금 더 세련된, 혹은 조금 간사한 방법으로 그 힘을 포장해왔다. 하지만 솔직히 그것은 그냥 힘일 뿐이다. 그러니까 서로 방법은 달라도 힘의 원리가 이 세상을 지배하고 있다는 것이다.

그러니까 우리가 욱이를 다른 사람의 표정이나, 말투, 행위로서 경험하지 못했다고 하더라도, 큰 맥락에서 우리는 모두 욱이의 모습으로 살아가고 있다는 것이다.

게다가 욱이는 욱이들과의 경쟁에서 늘 살아남아야 한다는 강박에 시달리고 있다.

그리고 절대적인 약자도 없고 절대적인 강자도 없다. 지금은 강자였지만 어느새 약자가 되어 있는 자신을 발견하게 될 수도 있고, 지금은 약자이지만 언젠가는 강자의 꿈을 키우면서 칼을 갈기도 한다.

하지만 욱이들의 싸움은 늘 패자밖에는 존재하지 않는다.

종국에는 모두 패자가 된다는 뜻이다.

이것이 바로 호랑이의 세상이다.

욱이의 분노가 욱이 주변에 불러 모으는 것은 무엇일까?

그것은 다름 아닌 욱이들이다.

이것은 마치 타잔이 밀림의 동물들을 불러 모으는 것과 같다.

욱이는 자신이 가장 세다고 이야기하고 싶을 것이다. 그리고 모두가 자신을 숭상해주기를 바랄 것이다. 하지만, 결과는 아이러니하게도 자신의 주변에 수많은 욱이를 불러 모아 스스로 불행한 삶을 증명하게 된다.

당신 스스로 당신이 욱이의 삶을 살고 있는지 알아보는 방법은, 당신 주변의 사람들에서 욱이를 많이 발견하게 된다면 그것이 답을 말하고 있다는 것을 잊지 말아야 한다.

4. 잘난 체하는 개구리, 잘난이

　잘난이는 참 똑똑하다. 그래서 자신의 주변에서 일어나는 일이면 어느 곳에든 뛰어들어 간섭하고 참견한다.
　그리고 자신의 위용을 보임으로써 자신의 존재감을 과시하고자 한다.
　욱이와 비슷한 느낌이지만 콘셉트는 완전히 세련되어 있다.
　잘난이는 스스로의 존재감에 사로잡혀 자신을 주변에 인정해 주기를 바란다.
　그래서 늘 자신이 아는 것을 최신 버전으로 업데이트 시키고 누군가의 논리의 허점을 노리며, 공격의 빌미를 찾는다.
　잘난이는 남들의 칭찬을 주식으로 삼으며, 그 칭찬 에너지를 통해서 자신의 성공을 확신한다. 누구보다 돋보이기를 원하고 뒤쳐지는 것을 견딜 수 없어한다.
　그래서 자신이 가지고 있는 모든 것들을 과시한다.
　그것은 어떤 때는 지식이 될 수도 있고, 재산이 되기도 하며, 사회적 지위가 되기도 한다.
　어떤 잘난이들은 자신의 몸을 과시할 수도 있고, 작은 것 하나라도 자신이 뽐낼 수 있는 것들을 찾아서 그것으로 스스로의 자존감을 깨운다.
　그리고 세상은 이 잘난이들의 각축전을 자신들의 돈벌이 수단으로 이용하며, 그들의 심리를 잘도 이용해 먹는다.
　그렇지만 한번 생각해 보아야 한다.
　그것은 그 잘난이 중에 승자가 있을까? 하는 질문에 대답해 보아야 한다는 것이다.

　SNS가 대세인 지금의 세상에서, 사람들은 너나 할 것 없이 자신이 더 잘나간다는 것을 보여주기에 앞 다툰다. 하지만, 이것은 얼마나 피곤한 일인가?

　자신이 누구보다 잘나야지만 행복하다는 공식을 받아들이도록 한 것은 현대 사회가 낳은 병폐이다.

　'잘난이 좀 있으면 어때?'라는 생각은 매우 쉽다.

　하지만, 이 도파민 중독은 그냥 '좀 어때'의 수준을 넘어가기 매우 쉽다. 이것은 마치 마약에 중독된 사람에게 마약을 끊으면서 오는 극단의 금단현상과 같다.

　잘난이에 중독된 삶은 그 중독을 단순히 멈추거나, 멈추는 노력을 통해 정리되는 문제로 끝나지 않을 가능성이 매우 높기 때문이다.

　다시 말해서, 잘난이는 경쟁에서 스스로 낙오자가 된 것에 대해서 견딜 수 없는 모멸감과, 이를 통해서 스스로 찾아오는 자괴감을 견디지 못할 가능성이 매우 높다는 말이다.

　여러분 중에 지금 자신에게 자주 등장하는 개구리가 잘난이라면, 이 개구리를 유심히 살펴보아야 한다. 어쩌면 욱이보다 더 위험한 인물일 수 있다.

5. 허풍떠는 개구리, 허풍이

허풍이는 말 그대로 허풍을 잘 떠는 개구리이다.

허풍이의 짝꿍은 바로 잘난이이다.

잘난이는 자신을 너무 사랑한 나머지, 혹은 자신에게 도취한 나머지 자신이 가진 것을 그 이상으로 포장하는 경향이 생긴다.

이것은 삶속에서 흔히 일어나는 일이다.

가령 과거의 자신에 대해서 이야기할 때, 혹은 자신의 소유에 대해서 이야기할 때, 우리는 그것을 제대로 전달 할 수 없다는 사실을 알게 된다.

미사의 어구를 써가며 그것을 전달하는 것, 그것 자체가 바로 허풍이 되어 버리는 것이다. 기름기를 쫙 빼고 뭔가를 전달하게 된다면 현대사회를 살아가는 우리들에게 정말 무미건조해 보일 수도 있다. 하지만, 그것이 훨씬 담백하다는 것을 알게 된다.

소위 명품이라고 하는 것들의 가격은 품질보다 훨씬 비싸다. 사람들은 그것을 브랜드 값이라고 부른다. 하지만 진짜 그것이 브랜드 값일까? 그것은 그냥 허풍의 값일 뿐이다.

누군가보다 나은 존재라는 것을 알림으로써 자신의 존재가 그보다 나은 존재가 될 수 있다는 것은 누가 봐도 말이 안 되는 것 같지만, 우리의 우매한 개구리들은 그것을 알아차리기에 매우 힘들다. 그래서 우리가 만나는 거의 대부분의 대화에 이 허풍이가 끼어들고 서로 거짓을 말하면서 자신을 포장하지만, 집에 돌아와 라면을 끓여 먹으며 자신이 또 무슨 짓을 했는지 반성하게 될지도 모른다.

6. 까부는 개구리, 까불이

까불이는 마냥 신이 나 있다. 우리는 이렇게 유쾌한 사람들을 좋아한다.

하지만 까불이는 그냥 일반적인 유쾌함을 좀 넘어가는 느낌이다.

까불이는 좀 들떠 있다.

왜 들떠 있을까?

까불이는 지금 자신에게 집중이 되어 있지 않은 상태에 있다. 그렇기 때문에 들떠 있는 것이다. 까불이가 집중하는 것은 오락이며 쾌락이다.

그리고 자신도 자신을 모르면서, 다른 사람을 현혹시키기까지 한다.

그러면서 흥에 겨워 주변을 살피지도 못한다.

그러다가 까불이는 이내 사고를 내고 만다.

이것이 까불이의 특징 중의 하나이다.

까불이는 왜 까불까?

어린아이들을 보면 잘 까분다.

그들이 잘 까부는 동안 그들은 매우 불안해 보인다.

그래서 부모들이 걱정과 기쁨으로 그들을 바라보게 된다.

까불이의 본성은 매우 유쾌하고 쾌활하지만 불안하다.

그것은 그들이 진정으로 존재로부터 일어난 것이 아니라, 쾌락에 포커스를 맞추고 있기 때문이다.

여러분의 마음속에서 까불이가 일어날 때가 있을 것이다.

그럴 때 여러분에게 필요한 것은 알아차림이며 그것을 알아차리고 자중하도록 노력하는 동안 여러분의 삶은 매우 진중해지고 중심이 잡힐 것이다.

7. 다른 개구리가 말만 하면 빈정대는 빈정이

내가 하는 동화심리상담사 과정에 온 어떤 엄마가 어느 날 이런 고백을 한다.

"저는 우리 애가 왜 이렇게 빈정대나 했는데 어제 교육을 받고 거울을 보니 제가 빈정이였더라구요. 그래서 제 남편도 저에게 빈정거리고, 제가 사랑하는 제 아이까지 빈정이로 만들었어요."라면서 눈물을 떨구었다.

빈정이는 약간 잘난이 사촌 격이다.

나름의 날카로운 논리를 가지고 상대의 아픈 곳을 파고든다.

그리고 아파하는 모습을 보면서 성공했다고 생각하는 것 같다.

빈정이는 욱이나 짜증이와도 약간 다르다.

빈정이는 짜증이처럼 눈에 띄게 짜증을 내거나, 욱이처럼 과격하지도 않지만 그 파급력은 사실 대단하다.

빈정이에게 빈정거림을 당하고 나면, 그는 하루 종일 그 일 때문에 손에 일이 잡히지 않을 수 있다.

그렇다면, 빈정이가 저지른 일은 어떤 일일까?

그것은 상대의 존재를 훼손하는 일이다. 물론 다른 개구리들도 다소 그런 경향이 있는 친구들이 있지만, 빈정이에 비하면 아무것도 아니다.

빈정이는 상대가 가진 어떤 것도 무력화시키고, 마음에 큰 상처를 남길 수 있다.

그 이유는 바로 마음의 원리에 있다.

사람들은 자신의 마음속에서 일어나는 일을 알아차리기에 쉽지 않다.

Chapter I 43

그래서 자신을 무시하면 그대로 무시당하면서 상처를 떠안게 된다.

하지만, 이것은 마치 개들이 거울을 보면서 화를 내는 것과 다를 바가 없다.

빈정이는 그냥 생각을 말한 것일 뿐이다.

그렇기 때문에 그것에 빨려 들어서는 안 된다.

또한 자신의 빈정이를 제대로 관리하지 못한다면, 수많은 빈정이들을 모아서 자멸의 길을 갈 수밖에 없을 것이다.

8. 그리고 이 반에서 제일 착한 감동이

그리고 개구리 교실의 마지막 등장인물인 감동이다.

감동이는 이름 그대로 감동 그 자체이다.

안 좋은 개구리만 있는 줄 알았는데 좋은 개구리도 있다.

감동이에 대해서는 2권의 '감동이 개구리' 편에서 구체적으로 다루게 된다.

이곳에서 살짝 귀띔을 해준다면, 감동이는 호랑이와 조련사의 다리 역할을 하게 된다.

감동이의 역할이 없다면 우리는 한 인간으로서 한 인격체로서 고귀한 삶에 접근할 방법조차 찾지 못했을 지도 모른다.

감동이도 여타의 개구리들과 마찬가지로 모두에게 있는 개구리이다.

하지만, 또한 모든 개구리들과 마찬가지로 그들의 습관이나 환경에 따라 자주 나오거나 혹은 그렇지 않을 수 있다.

감동이 개구리가 자주 나오는 삶을 우리는 행복한 삶이라고 부르고, 그렇지 못한데 행복한 삶을 행운의 삶이라고 부를 수 있다.

그리고 진정으로 행복한 삶은 스스로 타고나지는 않았지만, 감동이 개구리를 불러낼 수 있는 능력자의 삶을 이야기한다.

9. 이렇게 일곱 개구리가 한 반입니다.

앞으로 이 개구리 교실에는 전학을 오는 개구리도 있지만, 어쨌거나 이 일곱 개구리가 초기의 정예 멤버이다.

다른 멤버들 예컨대, 우리가 쉽게 생각할 수 있는 기쁨이, 행복이, 슬픔이 등의 개구리들이 없는 이유는, 이들은 이 일곱 개구리와 전학 오는 개구리들이 일으키는 감정의 상태를 이야기하기 때문에 이곳에 따로 이름 붙이지는 않는다.

하지만 여러분이 누군가를 끼워 넣고 싶다면, 그것은 얼마든지 여러분의 자유이다.

그렇기 때문에 언제든지 얼마든지 삶속에서 활용해도 괜찮다.

앞서도 언급한 바와 같이 이 일곱 마리의 개구리가 한 반이라는 사실은 매우 중요하다.

그 이유는 이 일곱 마리가 나에게도 있고, 누군가 다른 사람에게도 있다는 사실을 아는 것이 중요하기 때문이다.

내가 하나의 인격으로서 일관되게 행동하지 못하는 것이 당연하다는 사실은 나를 자괴감으로부터 벗어나게 해준다.

가끔 이상한 생각이 들거나 소위 말하는 나쁜 생각들에 사로잡힌다고 해서, 그것으로 스스로를 자책하며 의기소침해 할 필요가 없다는 것이다. 이 개구리들 중에 한 마리가 그렇게 한 것이기 때문에 그것을 알아차리고 그만두게 하면 된다는 말이다.

또한 타인에게서 목격되는 이상한 행위나 모순 등에 대해서도 타인의 악행으로 자신이 오염될 필요가 없다는 이야기이다.

현대사회는 뉴스라는 이름을 빙자해서 너무나 급속도로 악을 퍼뜨려 공유하는 경향이 있다. 이것은 순식간에 자신의 삶을 오염시킨다는 사실을 알아차리지도 못한 채 자신을 병들게 한다. 하지만 이 개구리들이 누구에게나 있다는 사실을 통해 우리는 결국 우리 자신을 지켜내야 한다.

우리 자신을 지켜내기 위해서 알아야 할 가장 기본적인 생각, 그것이 바로 '이렇게 일곱 개구리가 한 반입니다.'이다.

> 10. 선생님만 안 계시면
> 우리 교실은 이렇게 난리가 납니다.
> 하지만 저희 지혜로운 선생님이 오시면
> 모두 이렇게 조용히 자리를 찾아갑니다.

학창시절을 한번 떠올려보자

선생님이 계시지 않은 교실, 그곳은 흡사 전쟁터를 방불케 할 정도로 어수선했던 기억이 누구에게나 있을 것이다.

하지만 선생님이 교실에 들어오시면 모두들 제자리를 찾아서 앉게 된다.

왜 그럴까?

그 이유는 선생님이 오시게 되면 학생들은 자신의 본분이 무엇인지를 알게 되기 때문이다. 다시 말하면 선생님의 등장으로 자각이 이루어진다는 것이다.

그렇다면 선생님의 등장은 무엇일까요?

여러분은 아마도 흔히 이런 경험을 했을 것이다.

어느 날 자신의 욱이를 통제하지 못하고 화를 내버렸다가 다음날 가만히 생각해 보니 어제 한 일에 대해서 매우 불편한 마음이 들고, 후회하게 되었던 것과 유사한 일이 누구에게나 있다.

그렇다면 이 경우 개구리 교실이 난장판이 된 것은 무엇일까?

그것은 바로 화를 내고 흥분되어 있던 어제의 상태이다.

그러면 선생님의 등장은 언제일까?

그것은 오늘 후회하고 있는 자신의 상태이다.

시차를 두고 일어난 일이지만 분명히 느낄 수 있다.

지금은 어제의 화난 상황을 후회하지만, 감정은 매우 냉정해져 있을 것이다.

이처럼 선생님은 조련사이고, 어수선한 교실은 바로 호랑이이다.

우리가 이것을 이해하기 위해서는 두 가지 관점이 필요하다.

첫 번째 관점은 어제와 오늘의 내가 서로 다르다는 것이다.

만약 오늘의 냉정한 내가 어제 있었다면 우리는 그와 같은 실수를 범하지 않았을 것이다.

하지만 어제의 나와 오늘의 나는 엄연히 다른 존재이다.

어제는 욱이에게 사로잡혀 다시 말해, 호랑이에게 사로잡혀 자신의 삶을 진흙탕으로 만든 존재이며, 오늘의 나는 어제의 호랑이를 바라보며 냉정하게 후회하고 타이르고 있는 존재인 것이다.

두 번째 관점은 나 자신 스스로가 호랑이이면서 조련사라는 관점이다.

즉, 선생님도 '나'이고, 개구리들도 '나'이다.

그래서 선생님이 등장을 하지 않은 나는 스스로 자신의 삶을 나락으로 떨어뜨리면서 괴로워 하지만, 선생님이 등장하면 교실을 잘 다스리게 된다.

이 페이지에 대한 이해는 삶을 평화롭게 만들 수 있다.

모든 사람들은 시차, 즉 자신의 과거를 후회할 수 있지만 현재에 그것을 반영하는 능력은 떨어진다.

또한 타인의 결점을 보는 데는 매우 익숙하지만, 자신을 성찰하는 데는 매우 미숙하다.

그렇지만 이 페이지는 이해하기 위해 노력한다면 우리는 위의 두 가지 문제를 해결하는 노력을 할 수 있게 된다.

그것은 지금 자신에게 선생님, 즉 조련사의 부재를 인식하기 위한 노력을 통해서 자신의 어수선한 감정들을 수습하기 위해 노력할 것이기 때문에 후회하는 시간을 짧게 하고 더 나아가서는 현재, 지금 이 순간에 자신을 조율할 수 있게 된다.

또 한 가지는 타인의 경우 역시 조련사의 부재로 일어난 실수임을 알게 되기 때문에 쉽게 타인을 용서하게 된다. 그에게 조련사가 있었다면 이와 같은 실수를 범하지 않았을 것이기 때문에 우리는 당연히 그를 용서해주어야 한다는 결론을 만나기 쉽다.

머리로서는 용서해야 되는데, 몸으로서는 그것이 잘 되지 않는다는 이야기를 하는 사람들이 많이 있다. 이것도 당연한 것이다. 그것은 이 페이지를 진정으로 이해하지 못하기 때문이다. 이 페이지를 진정으로 이해했다면, 그는 당연히 용서하게 될 것이다. 하지만 머리는 이해했다고 생각하지만 아직 호랑이를 통제하지는 못했기 때문에 그는 아직 이해하지 못한 것이다.

진정으로 이해했다는 것은 그것을 행동으로 옮길 수 있을 때만 쓸 수 있는 용어로서 정의한다.

11. 선생님이 물으십니다. "연못의 물은 나무 몇 그루를 담지만, 강물에서는 더 큰 산을 볼 수 있지. 왜 그럴까요?"
아무도 답을 못하자 선생님이 말씀해 주십니다.
"그건 말이다. 물은 그 크기만큼
세상을 담을 수가 있기 때문이란다."

교실에 등장한 선생님은 아이들을 혼내지 않는다. 그리고 그냥 질문한다.

우리가 일상에서 만나는 선생님과는 사뭇 다를지도 모른다. 하지만 내면의 조련사로서의 선생님은 교실이 야단법석이 난 것은 매우 당연한 것처럼 초연히 받아들인다. 왜냐하면, 자신이 없었을 때 호랑이가 힘의 논리로 자신의 세상을 분탕질하고 있는 것은 매우 당연한 일이기 때문이다.

조련사의 눈에는 호랑이가 어지럽힌 세상이 보이는 것이 아니라, 호랑이 자체만 보이기 때문이다. 이처럼 선생님은 그냥 이 야단법석이 난 교실의 개구리들을 당연히 수용하며, 야단도 잔소리도 하지 않는다. 그저 묻기만 한다.

묻는 내용은 연못에 대한 이야기이다.

만약 여러분이 산속의 연못을 보게 된다면, 여러분은 연못에 얼굴을 갖다 대어 보았을 것이다. 그러면 아마 여러분의 얼굴을 연못에서 볼 수 있을 것이다.

그리고 또 무엇이 보일까? 아마도 여러분의 얼굴 뒤로 크고 작은 나무

들이 보일 것이다.

여러분이 연못에서 멀어지면서 연못을 바라보게 된다면, 연못에는 작은 하늘도 보일 것이다. 만약 연못만을 보고 세상의 크기를 알아맞혀야 한다면, 세상은 연못 안에서 한없이 좁아 보일 수도 있다.

그것이 연못에게 있는 세상이다.

그렇기 때문에 연못은 끝없이 흐르는지도 모른다. 끝없이 흐르고 흘러서 연못은 강물이 된다.

강물이 되고 나서야 비로소 연못은 큰 산도 담을 수 있게 된다. 하지만 물은 거기에도 만족하지 않는다. 그리고 계속해서 흘러간다. 그리고 드디어 바다가 된다. 바다가 된 물은 이제 한껏 하늘을 품어본다.

하지만 그것에도 만족할 수 없었던지 물은 하늘로 올라가 구름이 된다.

이것이 물이다.

물은 마음과 같다. 작을 때는 매우 답답하다.

그리고 비추는 모든 것들이 답답하게 느껴진다.

그리고 전체를 알 수 없기 때문에 오해하고, 토라지고, 상처받고, 괴로워한다.

이것이 작은 물들의 실체이다.

그래서 끝없이 흐르는 것 같다. 그래서 큰 마음이 되어서야 비로소 편안해진다.

그가 편안해진 것은 높은 곳에 있어서가 아니다.

아주 낮은 곳에 다다랐기 때문인지도 모른다.

우리가 존경하는 사람들을 한번쯤 떠올려 봐도 좋을 듯하다.

우리가 존경하는 많은 사람들은 한결같이 겸손하신 분들이다.

그들은 낮은 곳에서 우리를 편안하게 받아준다. 높지만 낮아진 분들, 그들이 진정한 어른이다.

12. "그럼, 우리의 마음이 점점 커지고 넓어진다는 것은 어떤 뜻일까?"
감동이가 손을 들었습니다.
"선생님, 우리 마음이 넓어지는 것은 우리가 예전에는 맘에 들지 않았던 것들이 맘에 많이 들어오는 것으로 알 수 있지 않을까요?"
선생님은 고개를 끄덕였고, 다른 개구리들은 박수를 쳤습니다.

선생님은 개구리들에게 비유로써 묻는다.

그러니까 연못이 바로 마음이라는 비유를 사용하고 있다.

이것이 조련사의 대화법이다.

옛 성현들의 말씀은, 사실 모두 상징과 비유로 이루어져 있다.

진리가 언어로서 존재한다면, 왜 성현들은 상징과 비유로써 말했을까?

그것은 어떤 진리도 말로 전할 수 없기 때문이다. 왜냐하면 말로써 무엇인가 정의나 진리 따위의 형이상학적인 것에 대한 정의를 하는 순간, 그것은 모순이 되기 때문이다.

그리고 그들은 그것을 알고 있었다. 그래서 그들은 늘 상징과 비유의 방법을 사용해왔다. 왜냐하면, 전달하는 자의 모순에서 벗어남과 동시에 그것을 전해 듣는 자의 능력에 따라 그것은 빛을 발할 수 있게 됨으로써 누구든 자유롭게, 상징을 이야기한 사람 이상의 해석도 할 수 있도록 허락해 두었으니 그들이야 말로 성현으로서 존중받을 만하다.

조련사가 바로 성현이다.

선생님이 바로 성현이다.

이제 선생님은 이 비유로써 호랑이를 다스린다.

그것을 위해 선생님은 질문한다.

"우리의 마음이 넓어지고 커진다는 것은 무엇을 의미할까?"

물이 마음의 상징이라면 그것을 삶 속에 적용시켜 보라는 말이다.

삶속에서 그 물이 커진다는 것은 곧 마음이 커지는 것일 텐데, 마음이 커지면 마치 물이 커지면서 더 큰 세상을 담을 수 있었던 것처럼 다른 것들을 담을 수 있지 않을까? 하는 질문이 되는 것이다.

상징은 이제 단순한 의미에서 벗어나 살아 움직이는 생물이 된다.

그것은 더 이상 우리에게 아무런 제약을 주지 않고 자유로워진다.

선생님의 말씀은 우리에게 살아 움직이는 자신을 체험하라고 이야기한다.

하지만 개구리들 중에 이 말을 알아듣는 개구리는 한 마리밖에 없다. 그것은 다름 아닌 감동이이다.

오직 감동이만이 이 말이 무슨 뜻인 줄 안다. 왜냐하면 감동이만이 겸손이 있기 때문이다.

감동이만이 겸손으로써 선생님이 무슨 말씀을 하셨는지 알아차릴 수 있다.

그래서 그는 대답한다.

"우리 마음이 넓어지는 것은 우리가 예전에는 맘에 들지 않았던 것들이 맘에 많이 들어오는 것으로 알 수 있지 않을까요?"

오직 겸손만이 이런 깨달음과 연결된다.

왜냐하면 해석자의 권리를 내어준 큰 도량을 이해하기 위해서는 그만큼은 아니더라도 그에 버금가는 겸손이 있어야 하기 때문이다.

그래서 감동이는 자신의 마음에 들지 않았던 많은 것들을 떠올릴 수 있게 된다.

그제야 비로소, 감동이는 자신의 마음을 괴롭히던 것들이 바깥 세상의 것들이 아닌 자신의 마음이 좁았던 것에서 비롯되었음을 알게 된 것이다.

우리 호랑이의 마음속이 이와 같다.

호랑이는 마음에 들지 않는 상대의 문제를 고치고 싶어 하고, 비난하며 괴로워한다. 하지만 조련사는 조용히 이야기한다. '그건 니 마음이 좁아서 그가 니 마음에 들어오지 않아서 일어난 문제야, 그러니 너를 다스려야 해.'라고 말이다.

그러자 호랑이는 스스로 그 답을 찾아내게 된다.

조련사는 자상한 표정으로 미소를 지을 뿐이다.

Self 심리상담

1. 이 교실은 어디일까요?

　네, 이 교실은 바로 여러분의 마음속입니다. 여러분의 마음속에는 이처럼 많은 개구리들이 살고 있지요.

　내 뜻대로 일이 되지 않을 때는 짜증이가 올라와서 짜증을 내고 있고

　화가 날 때는 자신도 모르게 욱이가 올라와서 화를 내고 있고,

　조금만 다른 사람들보다 잘 하는 일이 있으면 자랑하고 싶은 잘난이가 자랑을 하고 있죠.

　자신도 모르게 허풍을 떨기도 하고,

　남의 생각에 빈정대거나,

　까불거리기도 쉽죠.

　하지만 어떤 때는 한없이 착하고 순진하기도 하죠.

　여러분이 여러분을 모르는 것은 너무나 당연한 일입니다.

　왜냐면 여러분의 마음속에는 이런 일곱 마리의 개구리들이 살고 있기 때문입니다.

　물론 더 많이 사는 사람들도 있죠.

　기쁨이, 쾌락이, 우울이 등등 여러분이 이름 붙일 수 있는 수많은 개구리들이 살고 있습니다.

　그렇다면 이 많은 개구리들 중에 어떤 개구리가 진짜 나일까요?

2. 선생님이 등장하기 전에는 모든 개구리들이 난리가 났네요, 왜 그랬을까요?

교실에 선생님이 들어오면 교실은 모두 조용해지죠.

지금은 잘 모르겠지만, 지금의 어른들은 학교를 다니던 시절을 떠올리면 너무나 당연한 이야기일 것입니다. 선생님이 교실에 들어오기 전에는 모든 아이들이 왁자지껄 난리가 나지요.

하지만 일단 선생님이 교실에 들어서는 순간 모든 아이들은 자기 자리를 찾아가서 조용히 선생님의 말씀에 귀를 기울입니다.

너무나 당연한 이야기이지만 아주 신기한 이야기이기도 합니다.

한번 생각해 보세요.

우리는 왜 선생님이 오시면 각자 자리에 가서 조용히 앉았을까요?

아마 많은 학생들은 선생님께 야단 맞을까봐서 그랬을 것입니다.

그럼 선생님은 학생들이 계속해서 떠든다면 왜 혼을 내셨을까요?

그것은 방해가 되기 때문이겠지요.

즉 학생들은 이 시간이 수업시간이라는 사실을 알고 있었기 때문에 조용히 자리에 가서 앉은 것입니다.

3. 이 동화에 등장하는 선생님은 누구일까요?

선생님은 과연 누구라고 생각하시나요?

엄마일까요?

혹은 진짜 선생님일까요?

이런 예를 한번 들어볼까요?

누구에게나 화가 너무 나서 친구나 가족에게 화를 참지 못하고 화를 낸 적이 있을 겁니다.

시간이 지나고 나니까 내가 도대체 왜 그랬을까? 후회를 하게 됩니다.

맞아요. 누구나 그런 실수를 합니다.

그런데 참 신기한 일이 있습니다.

그것은 화를 냈던 그때 만약에 지금처럼 후회할 것을 알고 있었다면, 우리는 과연 내 화를 불러냈을까요?

아마 대부분의 사람들은 그렇지 않았을 것입니다.

하지만 그 당시에는 자신의 상황을 객관화시켜서 바라보지 못합니다.

그래서 모든 사람들은 지난 날을 후회하게 되는 것이지요.

그렇다면 진정한 선생님은 누구일까요?

일상을 살아가면서 우리의 감정을 통제하는 선생님은 엄마나, 진짜 선생님일 수가 있습니다.

하지만 그들에 의해서 억지로 통제당할 때 우리는 내재된 분노를 무조건 억제합니다. 그리고 나중에 우리에게 더욱더 좋지 않게 나타날 수도 있습니다.

힌트는 바로 위에 있는 글 속에 있습니다.

바로 미래의 내가 과거의 나를 관찰하며 후회할 수 있었던 것처럼, 미래의 자신의 눈으로 자신의 모습을 관찰해 보는 것입니다. 그 미래의 자신, 그가 바로 진정한 선생님이지 않을까요?

자신보다 훌륭한 선생님은 없습니다.

하지만 여러분이 동의하지 않아도 괜찮아요.

이 동화는 여러분을 행복하게 하기 위한 것이기 때문에 열려있어요.

만약 동의하기 쉽지 않다면 여러분의 마음을 다스려줄 다른 선생님을 찾아보아도 좋습니다.

4. 마음에 들지 않는 사람들이 있나요? 이름과 이유를 적어보세요.

아마 모든 사람들은 마음에 들지 않는 사람들이 있을 거예요.

가만히 한번 생각해 보세요.

그가 왜 마음에 들지 않았는지 말이에요.

어떤 사람은 학교에서 함께 공부하는 친구가 마음에 들지 않았어요.

왜냐하면, 그 친구가 자신을 처음 만났을 때 기분이 나쁘게 쳐다보았기 때문이었어요.

그래서 그 친구가 하는 모든 행동은 밉게 보였어요. 그래서 다른 친구들에게 그 친구가 나쁘다는 이야기를 했어요. 그런데 어떤 친구가 물었어요.

"왜 그 친구가 나쁘지?"라고 말이에요.

그 질문을 듣자 이 사람은 매우 혼란스러웠어요.

뭔가 그 친구가 나쁘다는 이야기를 해야 하는데, 왜 나쁜지에 대해서 이야기 할 수 없었기 때문이었어요.

한번 여러분의 마음을 들여다보세요.

그리고 여러분 마음속에서 마음에 들지 않는 친구들을 떠올려 보세요.

내가 그를 왜 마음에 들어 하지 않는지 물어보세요.

그리고 만약 딱히 특별한 이유를 찾아내지 못한다면 다가가서 말을 걸어보세요.

  그러면 여러분은 새로운 좋은 친구를 갖게 될 좋은 기회를 가지게 될 수도 있을테니까요.

5. 마음에 들지 않았던 사람이 어느 날 마음에 들었던 적이 있나요?

마음에 들지 않던 한 사람이 있었습니다.

그는 딱히 내게 나쁜 짓을 하지는 않았지만, 그냥 왠지 싫었습니다.

그는 늘 어두운 표정이었고, 내가 하는 말에 비판이 많았고, 가끔 나를 쳐다보는 눈빛이 나를 싫어하는 것 같았습니다.

그래서 그를 볼 때마다 그를 미워하게 되었고, 그 역시도 저를 미워한다고 생각했습니다. 그러던 어느 날 다른 사람에게 의외의 이야기를 듣게 되었습니다.

그는 저에 대해서 그 사람에게 이렇게 이야기 했다는 겁니다.

"음, 걔는 참 괜찮아. 인상도 너무 좋고 내가 가끔 비판을 해도 잘 받아들여. 내가 자신을 잘 되라고 비판한다는 사실을 아는 것 같아. 그렇게 진실한 사람은 만나기 힘든 사람이지, 참 고마운 사람이야."

나는 그의 말을 전해 듣고 매우 큰 죄책감에 시달렸습니다. 그리고 그의 얼굴에 나타나는 어두움이 가난하고 불우한 가정환경 때문이라는 사실을 알게 되니 더욱 미안한 마음이 생겼고, 저는 용기를 내어 그에게 차를 한잔 하자고 했습니다.

그리고 우리는 둘도 없는 친구가 되었고, 나는 내 마음이 얼마나 좁았었는지 이해하게 되었습니다.

위의 이야기를 읽고 무슨 생각이 들었습니까?

누군가 마음에 들지 않는다는 이야기는 자신의 마음이 그를 품을 만큼 크지 않다는 이야기일 수도 있습니다.

마음을 넓혀 보세요. 그러면 많은 사람들이 들어와서 당신의 마음속에서 뛰어 놀게 될지도 모릅니다.

Chapter 2

반장 선거

선생님이 교실에 오셔서
반장을 뽑아야 한다고 말씀하시고
반장 후보를 추천하라고 말씀하셨습니다.

욱이가 먼저 손을 들고
반장이 되겠다고 했습니다.

"저는 우리 반 반장은 저처럼 힘이 센 개구리가 해야지
우리 반을 지킬 수 있다고 생각합니다."

이번에는 잘난이가 손을 들고 일어났습니다.

"반장은 우리 반에서 가장 똑똑한 개구리가
되어야 한다고 생각합니다."

선생님은 개구리들을 진정시키고 말했습니다.

"우리 반에서 반장이 될 개구리는 옳고 그름을 판단하고 어떤 일이 미래에 미칠 영향을 예견할 수 있어야 한다. 누가 좋을까?"

선생님의 말씀이 끝나자마자 욱이가 말했습니다.

"선생님 저야말로 적임자예요.
저는 잘못되면 혼내줄 힘까지
가지고 있잖아요."

선생님이 미소로 물었습니다.

"너는 어떻게 옳고 그름을 판단하니?"

욱이가 대답했습니다.

"저를 화나게 하지 않으면 옳은 거고,
화나게 하면 잘못된 거예요."

선생님은 욱이에게 다시 물었습니다.

"그럼 네가 무슨 잘못을 했을 때
선생님이 너를 나무라면
너는 화가 날 텐데 그럼 선생님이 잘못한 거구나?"

욱이는 아무 말도 못 하고 자리에 앉고
잘난이가 일어나서

"선생님. 제가 적임자인 거 같아요.
저는 똑똑해서 잘 판단할뿐더러
미래를 내다볼 수도 있어요."

선생님은 미소로 말했습니다.

"그래, 잘난아. 그럼 네가 잘난 척할 때
다른 개구리들의 마음이 너를 진심으로 좋아하고
너를 따를 거로 생각하니?"

잘난이는 고개를 떨구고
자리에 앉고 감동이가 일어나 말했습니다.

"선생님, 지혜를 추천합니다."

동화 따라 배워보기

1. 선생님이 교실에 오셔서 반장을 뽑아야 한다고 말씀하시고 반장 후보를 추천하라고 말씀하셨습니다.

　어느 날 선생님은 교실에 오신다. 그리고 반장을 뽑아야 한다고 말씀하신다.

　앞서 말했던 것과 같이 선생님은 조련사이다. 하지만 개구리 교실은 개구리들의 교실이지 선생님의 교실은 아니다. 그래서 선생님에게는 일종의 화신이 필요한 것이다.

　그래서 선생님은 자신을 대신해서, 그리고 반을 대표할 반장을 뽑으라고 한 것이다.

　우리는 삶속에서 흔히 우리가 만나는 모든 사람들을 하나의 상징으로서 기억해 놓곤 한다. 예를 들어 화를 잘 내는 사람에 대해서는 "음, 저 사람과 대화할 때는 조심해야 해, 왜냐하면 화를 잘 내기 때문이야."라는 식으로 말이다.

　이것은 무엇을 의미하는 것일까?

　그것은 그가 선택을 했건 하지 않았건 간에 그에 대한 나의 생각은 늘 화를 내는 사람으로 인식되는 것이다. 다른 말로 표현하자면 나는 그를 욱이로서 인식한다는 말이다.

　하지만 그에게는 우리가 배운 바와 같이 욱이만 있는 것이 아니다. 누군가에게는 따뜻하고 사랑스러운 사람일 수 있다. 하지만 나에게 그렇게 인식되고 있는 것이다.

　그래서 적어도 나는 그를 욱이로 인식한다. 그렇다면 내가 생각할 때 그의 반장은 누구일까? 당연히 욱이다.

그의 생각과 관련 없이 그의 반장을 나는 욱이로 생각하게 된다는 것이다.

그가 스스로 욱이를 반장으로 정했을 리는 만무하다. 그냥 그의 행위를 보면서 내가 정하는 것이 그를 대표하고 있다는 말이다.

물론 그를 보는 관점에 따라서 그는 수많은 모습으로 비춰질 수 있다. 하지만 나에게 그가 욱이로 인식되는 것은 사실이기 때문에 나는 그를 욱이로서 인식하게 된다는 말이다.

그렇다면 나는 어떨까?

나 역시 누군가에게는 욱이로서, 누군가에게는 잘난이로서 인식되고 있지는 않을까?

물론 타인에 의해 어떻게 인식되는지는 중요하지 않을 수 있다. 하지만 정말 타인의 인식이 나의 삶에 중요하게 작용하지 않게 하기 위해서라도 우리는 스스로의 반장이 정해져야 한다.

스스로의 반장이 정해졌을 때에야 비로소, 타인의 인식으로부터도 자유로울 수 있다. 나는 감동이로서 반장을 정했는데 누군가 나를 욱이로서 인식한다면, 그냥 자신의 모습을 가다듬기만 하면 된다. 하지만 그것이 정해져 있지 않게 되면 타인이 나를 욱이로 인식하는 것 때문에 마음이 상하게 되고, 화가 나게 된다. 그리고 결국 욱이가 되게 된다.

이것은 아주 신비하고 이상한 일이 벌어지게 되는 것이다.

내가 아니라고 주장할수록 나는 오히려 그것을 증명하게 된다는 말이다.

또 선생님은 반장 후보를 추천하라고 말씀하신다.

뒤에 나오지만 개구리들은 서로 반장을 하겠다고 말한다.

그렇다면 왜 선생님은 반장 후보를 추천하라고 했을까?

그것은 스스로 주제 파악을 하라는 말이다.

스스로 자신의 주제를 파악하고, 자신의 모습을 돌아보고, 타인에게서 훌륭함을 찾아보라는 말이기도 하다.

하지만 감정 덩어리들은 이 말을 알아들을 수가 없다.

그러므로 괴로움이 생기게 된다.

이제부터 반장 선거의 과정을 들여다 보자.

> 2. 욱이가 먼저 손을 들고 반장이 되겠다고 했습니다.
> "저는 우리 반 반장은 저처럼 힘이 센 개구리가 해야지 우리 반을 지킬 수 있다고 생각합니다."

욱이가 먼저 손을 들었다.

욱이로서는 정말 얼마나 당연하고 당찬 이야기인가?

욱이는 힘으로 상징된다.

분노를 일으키면 아드레날린이 분비되고 힘이 생긴다. 그러면 에너지가 넘쳐 보인다. 하지만 분별력이 떨어지고 주변을 살피지 못하게 된다.

그렇지만 욱이로서는 그것으로 자신을 지켜낸다는 착각이 일어난다.

우리의 삶도 마찬가지이다.

자신보다 어리거나 자신보다 사회적 직급이 낮은 사람들을 대하게 될 때, 사람들은 그들과 효율적으로 소통하는 도구로서 욱이를 자주 내보낸다.

그리고 승리를 맛보았을 것이다.

하지만 이것은 진정한 승리가 아니다.

왜냐하면 당신이 만약 '을'의 입장에서 누군가에게 짓눌렸다고 해서 그를 존경할 것인가?

아무도 그런 생각을 할 수는 없을 것이다. 그냥 힘이 약해서 졌지만 분노가 남아서 언젠가 복수의 날을 꿈꾸고 있을 지도 모른다.

그것을 어떻게 진정한 승리라고 이야기할 수 있을 것인가?

이 같은 일이 일어나는 곳이 호랑이의 세상이다.

호랑이의 세상은 이처럼, 그냥 힘의 원리만 작동한다.

그리고 그것은 그냥 우리의 삶 전반에서 마치 정의처럼 통한다.

소소한 일상을 들여다보면 그것의 반증을 찾아낼 때도 있지만, 강대국들이 약소국을 대하는 모습들을 보거나 권력이 약자들을 대하는 모습을 보면서 우리는 너무나 당연하게 그것을 받아들이게 된다.

심지어는 그런 것들을 비판하고 통제해야 하는 작용을 해야 하는 세력들도 그 힘을 이용해 자신과 반하는 세력들에 대항하는 방식을 취할 때도 이 원리가 작동한다.

우리의 호랑이 세상은 이처럼 혼탁하다.

하지만 이것이 정답이라면 우리의 삶은 얼마나 비참한가?

그래서 우리는 이 동화를 통해서 그것들을 냉정히 바라보고 무엇이 진리인지를 바로 보아야 한다.

3. 이번에는 잘난이가 손을 들고 일어났습니다.
"반장은 우리 반에서 가장 똑똑한
개구리가 되어야 한다고 생각합니다."

이번에는 잘난이 차례이다.

우리는 뭔가 큰 착각을 하고 살아가고 있다.

또는 큰 착각에 빠지기에 매우 쉬운 환경에서 살아가고 있다는 말이다.

우리가 흔히 TV 토론 등에서 보게 되면, 사회의 리더들이라고 하는 똑똑한 사람들이 자신들의 논리로 무장하고 나와서 난타전을 펼친다. 그리고 그것을 보고 있는 일반인들은 그 논리전쟁을 보면서 어느 편에 서야 할지를 판단하고 편 가름에 내몰린다.

그런데 가만히 생각해보자.

이 잘난이들은 과연 어떤 논리로 무장되어 있을까?

그들은 스스로의 논리를 가지고 상대를 이기기 위해서 애쓴다.

어떤 때는 참 애처롭기까지 하다.

그리고 사람들은 그 논리의 전쟁의 승자가 생기게 되면, 게다가 자신이 그 승자의 편에 있게 되었을 때 희열을 느끼게 될 것이다.

하지만 지적으로 진정한 기쁨은 무엇일까?

자신의 논리라고 하는 것은 무엇일까?

안타깝게도 자신의 논리는 자신의 편견을 부르는 가명일 뿐이다.

자신의 논리가 강해지면 강해질수록 자신은 스스로 모순에 빠지게 된다. 그 논리들이 공감을 얻게 되면 이데올로기가 되고, 그 이데올로기가 정교해지면 정교해질수록 자신의 편견은 견고해지고 빠져나오기 힘든 모순의 감옥을 만들게 된다.

그렇게 되어 세상의, 역사의 판단으로 암흑에 빠진 사람들은 헤아릴 수 없이 많다.

그러니까 잘난이는 이처럼 자신의 논리, 즉 편견에 휩싸여 타인을 이기기 위해서 칼을 갈고 싸우면 싸울수록, 그리고 이기면 이길수록 더 수렁으로 빠져든다.

하지만 진정한 희열은 전혀 다른 곳에 있다.

어느 날 누군가의 책을 읽거나 혹은 스승의 가르침을 통해서 자신이 가지고 있는 편견이 깨졌을 때, 사람들은 이것에서 진정한 희열을 느끼게 된다.

그것은 깨달음이다.

그 깨달음이 왔을 때, 비로소 평온이 찾아온다.

그 평온을 통해서 자신의 성장을 체험하게 되는 것이다.

그것은 전쟁터에 나선 잘난이들 또한 모두 겪었던 일이며 잘 알고 있는 일이다.

하지만 잘난이로서 이 문제를 풀기 위해 덤비기 때문에 그는 절대로 깨달음으로 가지 못한다. 다만, 시간이 지나고 나면 알게 된다.

그때의 자신을 바라보는 것은 조련사이기 때문이다.

4. 선생님은 개구리들을 진정시키고 말했습니다.
"우리 반에서 반장이 될 개구리는 옳고 그름을 판단하고
어떤 일이 미래에 미칠 영향을 예견할 수 있어야 한다.
누가 좋을까?"

선생님은 개구리를 진정시킨다.

왜냐하면 지금 개구리들은 매우 흥분된 상태이다. 그것은 호랑이들의 특징이다. 반장이 무엇인지도 모르고 그냥 좋은 거라고 하면 흥분하여 물고 뜯는다.

반장이 뭔지도 모르고 반장이 무슨 역할을 해야 하는 것인지도 모르지만 그 자리를 탐하는 것이다. 사회로 본다면, 위정자들에 대한 이야기로 생각해 볼 수도 있을 것이다.

하지만 이것은 외면의 일이고 내면에서도 똑같은 일이 일어난다.

그래서 선생님은 개구리들을 진정시켜야 한다.

개구리들이 진정하지 않으면 선생님의 말도 들리지 않는다.

선생님은 반장의 조건을 이야기한다.

첫 번째는 옳고 그름을 판단할 수 있어야 한단다.

두 번째는 어떤 일이 미래에 미칠 영향을 예견할 수 있어야 한단다.

도대체 무엇이 옳고 그름에 대한 판단일까?

무엇이 옳고, 무엇이 잘못된 것일까?

그리고 어떤 일이 미래에 미칠 영향에 대해서는 어떻게 예견할 수 있을까?

이것은 욱이와 잘난이를 통해서 잘 살펴볼 수 있다.

5. 선생님의 말이 끝나자마자 욱이가 말했습니다.
"선생님 저야말로 적임자예요.
저는 잘못되면 혼내줄 힘까지 가지고 있잖아요."
선생님이 미소로 물었습니다.
"너는 어떻게 옳고 그름을 판단하니?"

선생님의 말이 끝나자마자 욱이는 자신이 적임자라고 이야기한다.

그것은 무슨 뜻일까?

욱이는 생각이 없다.

그냥 자신의 감정대로만 행동한다. 그리고 자신의 편견에 묶여 있는 감정에 의해서 행동한다. 그리고 강변한다. 자신이야 말로 적임자라는 것이다.

왜냐하면 옳고 그름에 대한 판단에 대해서 자신은 그것의 집행관의 역할을 할 수 있다는 것이다.

참 억지스럽다고 느껴지겠지만 우리의 삶도 이와 비슷하다는 사실을 우리는 솔직히 직시해야 한다.

자녀들과의 관계, 혹은 주변의 가까운 사람들과의 관계에서 자신의 감정을 한번 살펴보라.

우리는 자신이 '갑'의 위치에 있다고 생각할 때일수록 화를 잘 내는 경향이 있다. 하지만 냉정히 그 사실을 바라보게 되면 생각이 달라질 수도 있다.

호랑이는 자신의 삶을 깽판치면서 힘으로 밀어 붙인다.

하지만 조련사는 매우 냉정하게 호랑이를 바라본다.

그리고 스스로 그 모순을 보게 한다.

그래서 질문한다.

"그래서, 너는 어떻게 옳고 그름을 판단하니?"

호랑이는 지금 집행관으로서 자신의 입장을 이야기하고 주장하지만, 조련사는 "그래, 니가 집행관처럼 힘이 세다는 것은 인정할게, 하지만 판단을 해야 집행을 할 거 아니니?"라고 이야기 한다.

여기에 호랑이인 욱이가 어떻게 이야기하는지 들어보자.

6. 욱이가 대답했습니다.
"저를 화나게 하지 않으면 옳은 거구, 화나게 하면 잘못된 거예요."

참 어처구니없는 대답이다.

이 글을 읽으면서 당신은 욱이에 대해서 비웃음을 웃을 수도 있고, 고개를 끄덕일 수도 있다. 둘 다 정답이다.

비웃음거리의 대답임에 틀림없다.

자신을 화나게 하면 옳지 않고, 화나게 하지 않으면 옳다니 얼마나 황당한 대답인가?

하지만 이것이 우리의 판단 기준임을 알아차릴 때 우리는 고개를 끄덕이게도 된다.

여러분이 좋아하는 사람은 정의롭거나 훌륭해서가 아니라 그냥 여러분을 좋아하는 사람이다.

여러분이 싫어하는 사람은 나쁜 행위를 하거나, 나쁜 생각을 해서라기보다는 그냥 여러분을 싫어하는 사람이다.

얼마나 어처구니 없는 일인가?

당신의 옳고 그름을 냉정하게 생각해보라. 얼마나 명명백백한 근거를 가지고 그것을 판단하는지 말이다.

단언컨대, 거의 대부분의 당신의 판단은 욱이의 것과 별반 다르지 않을 것이다.

그냥 생떼를 부려왔던 것이다.

그런 자신과 이제 솔직히 만나야 한다.
그렇지 않다면 당신에게 성장은 없다.
보기 싫은 그를 만나야 한다.

7. 선생님은 욱이에게 다시 물었습니다.
"그럼 네가 무슨 잘못을 했을 때 선생님이 너를 나무라면
너는 화가 날 텐데 그럼 선생님이 잘못한 거구나?"

욱이에게는 당연한 대답에 선생님은 냉정하게 질문한다.
"그럼 네가 무슨 잘못을 했을 때 선생님이 너를 나무라면
너는 화가 날 텐데 그럼 선생님이 잘못한 거구나?"
이 질문은 욱이에게 어떤 생각을 일으킬까?
그것은 바로 욱이 스스로 자신의 모순을 보게 한다.
욱이는 스스로 정의롭다고 생각한다.
하지만 정의는 없는지도 모른다.
내가 정의롭다고 생각하는 순간 나는 모순에 빠지게 된다.
왜냐하면 내가 정의로우면 나를 제외한 다른 것들은 모두 불의가 될 수 있기 때문이다.
과연 누가 명명백백한 정의의 자리를 점할 수 있을까?
이곳에서는 정의가 어느 곳에서는 불의가 되는 것을 우리는 어떻게 해결해야 할 것인가?
다른 사람을 비방하면 안 된다는 단순하고 도덕적인 이 진리와 같은 말이 관념이 되어 욱이가 작동하는 순간, 다른 사람을 비방하는 사람을 보게 되면 그를 비방하는 마음이 생기게 되는 모순을 우리는 어떻게 해결할 것인가?
존중을 최고의 가치로 가르칠 수는 있지만, 존중을 최고의 가치로 알

고 있던 사람에게 누군가 자신을 존중하지 않는 사람을 만나게 되면 그는 과연 그를 존중할 수 있을 것인가?

　진리, 즉 옳고 그름은 이와 같이 모순을 일으킨다.

　선생님은 그 모순을 알고 있다. 하지만 그 모순을 알고 있다고 해도 그것을 말로서 전달하고 모순을 알려주면, 또 모순이 생기게 된다.

　그렇기 때문에 선생님은 욱이에게 스스로 모순을 깨닫도록 질문한다.

　오직 질문만이 스스로의 모순을 깨닫도록 돕는다.

8. 욱이는 아무 말도 못하고 자리에 앉고
잘난이가 일어나서 "선생님. 제가 적임자인 거 같아요.
저는 똑똑해서 잘 판단할 뿐더러
미래를 내다 볼 수도 있어요."

욱이는 이제 자리에 앉는다. 왜냐하면 스스로 자신의 모순을 보았기 때문이다. 호랑이는 모순의 존재이다. 그렇기 때문에 스스로 그 모순을 보게 되면 꼬리를 내린다.

이제 호랑이 중에 제일 똑똑한 호랑이인 잘난이의 차례이다.

잘난이는 이 어려운 진리의 문제도 지식으로써 잘 이해하고 있다. 그렇기 때문에 자신을 적임자라고 이야기한다.

그리고 한발 더 나아가서 자신을 '미래를 내다 볼 수 있는 존재'라고 이야기한다.

미래를 내다 본다는 것은 무엇일까?

선생님은 어떤 일이 미래에 미칠 영향을 예견할 수 있는 능력을 반장의 조건으로 이야기한다.

그것은 무슨 말일까?

만약 당신이 오늘 술을 많이 마시게 된다면 내일 당신은 상쾌한 아침을 만나게 될까? 아니면 고통스러운 아침을 만나게 될까?

당연히 고통스러운 아침을 만나게 될 것이다.

지금 당신이 화를 낸다면 당신은 그 화를 통해서 행복해질까? 아니면 불행해 질까?

당연히 불행해질 것이다.

미래를 내다보는 능력은 사실은 지금 이 순간에 집중하는 것이다.

지금 이 순간을 알아야 한다.

지금 이 순간은 엄청난 미래가 창조되고 있는 유일한 순간이며, 수많은 과거가 만들어지는 역사적 순간이다.

과연 잘난이는 그것을 알고 있는 것일까?

9. 선생님은 미소로 말했습니다.
"그래, 잘난아. 그럼 네가 잘난 척할 때
다른 개구리들의 마음이 너를 진심으로 좋아하고
너를 따를 거라고 생각하니?"

　선생님이 이번에는 질문으로 잘난이의 모순을 스스로 볼 수 있는 질문을 던진다.
　그렇게 똑똑한 잘난이조차 자신의 모순을 스스로 보지는 못한다.
　놀라운 세 가지 사실을 발견했다.
　하나는 교도소의 흉악범들이 모여서 TV를 보면서 손가락질을 하고 있어서 교도관이 그것을 보고 궁금해서 무엇을 보고 저 흉악범들이 손가락질을 하나 봤더니, TV에는 정치인들이 나왔더라는 것이다. 아무리 이상한 사람들도 남의 이상한 것을 바라보는 데 매우 익숙하다는 것이다.
　이것은 누구나 훌륭한 것이 무엇인지를 안다는 것이다.
　두 번째는 이렇게 흉악한 사람들조차 훌륭한 사람이 되고 싶어 한다는 사실이다.
　왜냐하면 미움 받는 것보다 사랑받는 것을 좋아하는 것이 사람들의 마음이기 때문이다.
　세 번째는 이런 사람들 중에 어떤 누구도 훌륭한 사람들이 되기 위한 행위를 하지는 않는다는 것이다.
　참 아이러니한 이야기이다.
　그래서 아인슈타인은 이야기한 모양이다.

'어제보다 나은 내일을 꿈꾸면서 오늘 아무것도 하지 않는 사람은 정신병의 초기 증상을 앓고 있는 것이다.'

나는 아무래도 정신병의 초기 증상인 것 같다.

하지만 자신을 의심하는 동안 기회가 생긴다. '더 나아질 수 있는 기회' 말이다.

잘난이는 그래도 솔직하다. 하지만 사회에서는 이런 잘난이를 보기도 쉽지 않다. 그것은 간단한 이유에서이다.

그것은 잘난이 역시 스스로, 즉 자신의 조련사와의 소통을 통해서 모순이 드러나지 않고 타인에 의해서 모순이 드러난다면, 그것을 또 거부한다. 그렇기 때문에 깨달을 수 없다.

오직 스스로와의 소통을 통해서만이 깨닫게 되고 성장하게 되는 것이다.

그래서 이 "동감"이 중요하다

10. 잘난이는 고개를 떨구며 자리에 앉고
감동이가 일어나 말했습니다.
"선생님, 지혜를 추천합니다."

그래서 잘난이는 스스로 자신의 모순을 바라보았기 때문에 자리에 앉을 수 있다. 이것은 우리의 사회에서는 볼 수 없다. 왜냐하면 호랑이들끼리의 싸움에서 이런 일은 일어나지 않는다. 호랑이들에게는 자존심이 걸린 매우 중요한 싸움에서 그것을 패배로 인식하기 때문이다. 그래서 으르렁거리며 최선을 다해서 상대를 이기려고 한다.

하지만 이기려고 하면 할수록 자신의 모순은 볼 수 없고, 스스로 자기 모순에 빠져서 헤어나오지 못하게 된다.

오직 스스로 자신 안에서 호랑이와 조련사의 대화를 통해서만 그 모순을 벗어나게 되는 것이다.

그래서 잘난이가 자리에 앉게 되는 것이다.

그리고 이제 감동이가 말한다.

"지혜를 추천합니다."

드디어 선생님의 말을 따르는 유일한 개구리가 등장하는 것이다.

즉, 추천을 하라는 선생님의 말씀을 따르는 개구리가 등장했다는 것이다.

선생님의 말씀은 추천하라는 것이었다.

자신이 하겠다는 게 아니라 누가 가장 훌륭한지를 찾아보라는 주문이었다.

오직 감동이만이 주제 파악이 되는 것이다.

그래서 감동이는 지혜를 추천한다.

지혜는 개구리 교실에 원래 소개되었던 개구리가 아니다.

하지만 지혜는 원래 있었다.

그리고 아무 목소리도 내지 않고 있었다.

하지만 감동이는 지혜를 알고 있다. 그리고 지혜만이 이 교실의 반장이 될 수 있다는 사실을 알고 있는 것이다.

지혜는 선생님의 화신이다.

선생님은 교실에 계속 있을 수 없기 때문에 지혜를 반장으로 뽑아 교실을 통제할 수 있도록 돕는 것이다.

반장 선거 편을 함께 기껏 공부하고 나서도 어떤 이들은 묻는다.

"그래도 꼭 반장 선거를 해야 하는 걸까요?"

그러면 나는 이렇게 묻는다.

"대리 운전해보신 적 있으세요?"

그는 대답한다.

"네."

"그러면 당신이 술을 많이 마셔서 대리기사를 불렀는데 대리기사가 당신보다 더 술이 취해서 왔다면, 당신은 그 대리기사에게 운전대를 맡기겠습니까?"

그러면 그는 손사래를 치면서 거부한다.

반장 선거는 이와 같다.

자신을 아무나 대표하도록 내버려 두면 그가 당신을 대변하고 언제 사고를 칠지 모르게 된다. 그래서 반장 선거는 선택이 아니라 필수이다.

Self 심리상담

1. 반장 선거를 보면서 무슨 생각이 났나요?

네, 이 개구리 교실은 '개구리 교실'이라는 동화 처방전에서 보았던 그 교실입니다.

바로 당신 마음속이라는 것입니다.

앞서서도 계속해서 나오고 있는 내용이지만,

개구리 교실은 늘 혼란스럽습니다. 욱이와 잘난이, 짜증이 등 자신의 감정을 그대로 드러내는 무리들이 함께 공존하는 곳이기 때문입니다.

반장 선거라고 하는 것은 이 감정들 중 아무나 나오지 않게 조정하기 위해서 대표를 뽑는 것입니다.

아무에게나 당신을 운전하게 내버려 두면 아무나 당신을 운전하는 운전대를 잡게 됩니다.

그러면 당신이 위험해지니까,

음주 운전을 하게 될지도 모르니까,

반장을 정하는 거예요.

2. 자신도 모르게 욱이가 반장이 되었을 때를 적어보고 그것이 어떤 영향을 미쳤는지 생각해보세요.

살면서 많은 사람들은 자신도 모르는 사이에 욱이에게 반장을 내어 줍니다.

그리고 욱이가 반장이 되어서 상황을 잘 극복해 나갈 때도 있지만, 극소수에 불과하고 대부분의 경우는 욱이가 반장이 된 대가를 지불할 때가 많습니다.

욱이를 반장으로 뽑지도 않았지만 욱이가 반장이 되면,

우리는 우리의 삶의 많은 시간을 욱이가 저지른 사고들을 수습하면서 살아가게 될지도 모릅니다.

욱이가 반장이 되었을 때 자신에게 일어났던 일들을 한번 떠올려 보세요.

욱이가 반장이 되면 주변에 많은 욱이를 보게 됩니다.

당신의 욱이가 가장 힘이 셌다면 다행일지도 모르지만,

세상에는 당신의 욱이보다 힘이 세고, 포악한 욱이들이 많습니다.

욱이는 쉽게 욱이를 불러냅니다.

이것은 감정의 공명, 감정의 전파, 증폭, 확대라고 합니다.

아마도 당신은 당신의 반장이 욱이였기 때문에 수많은 사람들의 욱이들을 만날 수 있었을 테고, 당신의 세상에는 욱하는 사람들이 많아진 이유이기도 할 겁니다.

3. 자신도 모르게 잘난이가 반장이 되었을 때를 적어보고
그것이 어떤 영향을 미쳤는지 생각해 보세요.

　살면서 많은 사람들은 자신도 모르는 사이에 잘난이에게 반장을 내어주기도 합니다.
　잘난이가 반장이 되는 것은 당신은 다른 사람보다 잘났다는 것을 보여주고 싶어서일 것입니다.
　그러면 마치 자신이 존경받는 존재가 되었다고 생각하기 쉽지요.
　모든 존재는 다른 사람들의 인식을 통해 정해진다고 생각하기 쉽지만 그렇지 않을 수 있습니다.

　한번 생각해 보십시오.
　집에서 부모님께 사랑받을 때 매우 귀한 존재인 것 같았는데,
　밖에 나가서 무시당한다면, 하찮은 존재가 된 것처럼 느끼게 됩니다.
　이것은 어쩌면 당연하지만 자세히 들여다보면 이것은 매우 모순된 이야기입니다.
　왜 우리의 존재가 다른 사람의 인식을 통해 바뀌어야 합니까?
　당신은 스스로 존재해야 합니다.
　스스로 고귀하게 존재해야 합니다.
　길가에 하찮은 들꽃도 자기 색으로 핍니다.

당신은 충분히 그럴만한 능력과 소양을 갖췄기 때문입니다.

자신 스스로를 고귀하게 존재시키는 일, 그것이야 말로 지금 당장 당신이 해야 하는 일일 것입니다.

그 방법에 대해서는 앞으로 차분히 그리고 자세히 알아가게 될 것입니다.

앞에서 욱이가 반장이 되었을 때와 마찬가지로, 잘난이가 반장이 되었을 때 당신은 수많은 잘난이들을 만나고, 보이지 않는 논쟁을 치르게 될 것입니다.

그리고 한편으로 승리할 때는 집에 돌아와 의기양양하겠지만, 당신의 잘난이에게 두들겨 맞은 어떤 잘난이는 집에 돌아가 복수할 기회를 노리겠지요.

그리고 만약 당신이 졌다면 당신이 그러고 있을 테지요.

당신이 반장의 자리를 잘난이에게 내주는 순간 당신은 수많은 잘난이들을 만나게 되는 신비하고 때로는 불편한 체험을 또한 하게 될 것입니다.

4. 욱이가 반장이 되었을 때 당신의 삶의 기준은 무엇이 되었습니까?

욱이가 반장이 되었을 때는 당연히 욱이의 가치가 반영되어 삶의 기준이 만들어집니다.

욱이는 힘을 상징합니다.

욱이는 돈이나 권력 앞에 한없이 나약해집니다.

왜냐하면 욱이의 삶의 기준은 힘이기 때문입니다.

욱이는 한없이 거칠고 정의로울 것 같지만, 아이러니하게도 자신보다 힘이 센 존재 앞에서는 마치 고양이 앞의 쥐처럼 순종적입니다.

우리는 우리의 겸손을 힘 앞에 나약한 욱이의 성향으로 잘 못 이해할 때가 종종 있습니다.

이것은 진정한 겸손이 아닙니다.

그냥 굴복한 것입니다.

하지만 이 위장된 겸손은 자신보다 힘이 약하다고 생각되는 존재들 앞에서는 매우 거칠고 폭력적으로 바뀝니다.

만약 당신이 당신의 이런 모습을 제 3자의 입장에서 보게 된다면,

당신은 그를 매우 경멸할 것입니다.

그리고 그렇게 경멸당해야 할 대상이 바로 당신이라는 사실을 알게 되는 그 순간 당신은 소스라치게 놀라게 될 것입니다.

그것은 거울 속의 당신이 악마라는 사실을 알게 되었을 때니까요.
하지만,
자괴감을 느낄 필요는 없습니다.
사람은 누구나 그러니까요.
그리고 그는 진짜 당신이 아니니까요.

5. 잘난이가 반장이 되었을 때 당신의 삶의 기준은 무엇이 되었습니까?

잘난이가 반장이 되었을 때 당연히 잘난이의 가치가 반영되어 삶의 기준이 만들어집니다.

잘난이는 다른 이들에게 인정받고 싶어 합니다.

앞서 설명한 것처럼 잘난이는 자신이 좋은 존재이고 싶어 합니다.

그리고 자신이 가지고 있는 것들을 통해서 자신이 타인보다 우월하다는 것을 증명하고, 타인보다 좋은 존재가 되고 싶어 합니다.

마치 성형수술을 받아 예뻐지고 싶어 하는 사람들의 욕구와 같이 모순이 됩니다.

그들은 매우 아름다운 사람이 되고 싶어 합니다.

하지만 그들에게 왜 아름답고 싶어 하냐고 물으면, 그들은 당연히 사랑받고 싶어서라고 말합니다.

그러면 그들에게 이런 질문이 가능해 집니다.

"그럼, 당신은 예쁜 사람들만 사랑합니까?"

그들은 대부분 생각에 잠겼다가 대답합니다.

"꼭 그렇지는 않죠."

마치 이 경우와 같이 내가 타인보다 우월하다는 것을 보여줌으로써 자신의 존재를 확인하고 싶어 했던 잘난이는 아무리 잘난 척해도 자신보다 더 잘난 존재가 있다는 것을 알게 됩니다.

만약 당신의 잘난이가 당신이 만났던 수많은 잘난이들을 기죽였다면, 수많은 적들이 생겼을 테고, 혹시 당신의 잘난이가 오늘 무참히 망신을 당했다면 당신은 자괴감에 빠져있겠지요.

당신은 이 모순으로부터 벗어나기 위해서라도 꼭 당신의 반장을 잘 선출해야 합니다.

그렇게 하지 않는다면 당신의 삶은 이 모순의 미로 속에서 벗어나지 못하게 될 것이기 때문입니다.

6. 지혜를 반장으로 선출하는 방법은 무엇이 있을까요?

먼저 이 문제에 다가가기 위해서는 지혜가 무엇인지 알아야 하겠네요.

우리는 앞서서 잘난이나 욱이가 반장이 되지 않아야 한다는 것까지는 공감했을 것입니다.

그렇다면 감동이가 이야기한 지혜는 과연 어떤 존재일까요?

이 페이지에서 그렇게 쉽게 지혜를 설명할 수는 없습니다.

하지만 한 가지 힌트는 당신이 욱이가 반장이 되어서는 안 된다는 생각에 어떻게 동의하게 되었을까요?

당신은 잘난이가 반장이 되어서도 안 된다는 생각에 어떻게 동의하게 되었을까요?

이 동화 처방전을 통해서 당신은 어떻게 당신의 진정한 모습을 발견하게 되었을까요?

그것은 이 처방전에 답이 있는 것이 아니라 이미 당신 안에 답이 있기 때문에 당신이 당신의 편견 밖으로 걸어 나올 수 있는 것입니다.

우리의 여정은 당신 안에 있는 지혜를 발굴해 가는 여행이 될 것입니다.

이미 있는 것을 찾아내는 거죠.

이 동화 처방전은 도구에 불과합니다.

Chapter 3
욱이 좀 전학 시켜주세요

감동이가 어느 날 슬픈 얼굴로
학교에서 돌아와 엄마에게 말했습니다.

"엄마, 욱이 때문에 학교에 가기 너무 싫어요.
욱이는 툭하면 화를 내고 친구들을 괴롭혀요."

엄마는 인자한 모습으로 물었습니다.

"학교에서 무슨 일이 있었구나?
진정하고 무슨 일인지 말해 보렴."

감동이는 씩씩대면서
학교에서 '욱'이가 아무 것도 아닌 이유로 화를 내서
기분이 나빴던 이야기를 엄마에게 들려줬습니다.

"엄마, 전 욱이가 전학을 가버렸으면 좋겠어요.
욱이를 전학 보낼 수는 없나요?"

엄마는 감동이의 머리를 쓰다듬으며 말했습니다.

"감동아, 욱이가 화를 잘 내지?
그래서 감동이가 마음이 상했구나.
그런데, 감동아. 욱이가 늘 그렇게 도움이 되지 못하고
교실 분위기를 해치니?"

감동이는 곰곰이 생각하더니 이렇게 말했습니다.

"네, 엄마. 욱이는 툭하면 화를 내고,
제일 먼저 나서서
다른 애들이나 제가 말하는 것을 가로채요.
욱이가 전학을 가버렸으면 좋겠다고 생각하는 것은
저만 하는 생각이 아니에요."

엄마는 다시 물었습니다.

"감동아, 다시 한번 생각해 보렴.
정말 욱이는 너희 반에서 필요 없는 존재였니?
욱이가 필요하다고 느낀 적이 단 한 번도 없니?"

감동이는 다시 한번 진지하게 생각하더니 말했습니다.

"하긴, 예전에 옆 반에서 싸움을 제일 잘하는 '혁'이가
우리 반에 들어와서 우리 반 친구들을 괴롭힐 때,
앞장서서 혁이를 내쫓은 적이 있어요.
그래도 그건 한 번 뿐이에요."

엄마는 미소를 지으며 말했습니다.
"만약에 욱이가 없었다면, 너희 반은 어떻게 되었을까?"
감동이가 대답했습니다.
"아마, 혁이한테 다들 괴롭힘을 당했을 테지요."
"그리고?"
엄마가 다시 물었습니다.
"아마 계속해서 혁이가 우릴 괴롭혔겠지요."

감동이는 목소리를 높여서 물었습니다.

"그럼 엄마, 욱이가 우리를 계속 괴롭히게 놔둬야 하는 건가요?"

엄마는 빙그레 웃으며 말했습니다.

"감동아, 너희 반에는 지혜가 있잖니?
지혜에게 물어보렴.
그럼 지혜가 욱이가 너희를 괴롭히지 않고,
사랑하고 보호하는 방법을 알려줄 거야."

동화 따라 배워보기

> 1. 감동이가 어느 날 슬픈 얼굴로
> 학교에서 돌아와 엄마에게 말했습니다.
> "엄마, 욱이 때문에 학교에 가기 너무 싫어요.
> 욱이는 툭하면 화를 내고 친구들을 괴롭혀요."

개구리 교실에서 제일 착한 감동이조차 욱이로 인해 마음이 많이 상한 모양이다.

이제 이 개구리 교실은 감동이의 집으로까지 확대되고 있다.

그리고 엄마에게 감동이가 도움을 청하는 순간, 이제 엄마의 영역이 조련사의 영역이 됨을 짐작할 수 있을 것이다.

감동이가 마음이 상한 이유를 자세히 들여다 보자.

감동이는 욱이가 툭하면 화를 내고, 친구들을 괴롭히는 것에 매우 마음이 상한 것이다. 감동이는 우리의 마음속에서 매우 긍정적인 역할을 하는 부분이다.

그런데 그 긍정적인 역할이 꼭 긍정적인 결과만을 낳지는 않을 수도 있다는 것을 이 페이지를 통해서 우리는 짐작할 수 있다.

감동이는 욱이가 다른 친구들을 괴롭히는 것에 대해서 괴로워하고 있다. 우리의 개구리들의 특징은 타인의 삶에 간섭하는 것이다.

부정적인 개구리들은 타인의 삶에 간섭하면서 분란을 일으켜 괴로움을 겪는다면, 감동이는 좀 다른 괴로움을 겪는다.

그것은 타인의 삶을 안타깝게 여김으로써 스스로의 삶에 괴로움을 느낀다.

이것은 한편으로 우리에게 미덕으로 인식되기가 매우 쉽다.

하지만 괴로움은 괴로움일 뿐이다.

괴로움이 오는 것이 꼭 부정적인 생각을 통해서만 오는 것이 아니라는 것은 매우 아이러니한 이야기지만, 그것을 받아들일 수밖에는 없다.

그렇다면, 긍정이 일으키는 부정을 어떻게 해결해야 할까?

이것이 이 장에서의 고민이다.

그 고민을 안고 감동이는 엄마에게 도움을 청한다.

여기에서 감동이의 정체성이 나타난다.

감동이는 호랑이와 조련사의 연결고리와 같다.

우리가 흔히 이야기하는 '정신줄'의 개념으로 이해해도 괜찮다.

조련사와 호랑이 사이에는 줄이 있다.

조련사는 그것을 놓아서는 안 된다.

그리고 놓을 수도 없다.

그 줄을 통해서 작용이 일어난다.

조련사는 그 줄을 통해서 호랑이를 조련하고 통제한다.

이제 그 작용을 조금씩 들여다보자.

2. 엄마는 인자한 모습으로 물었습니다.
"학교에서 무슨 일이 있었구나?
진정하고 무슨 일인지 말해 보렴."

＊

　호랑이 세계에서 감동이는 자신에게 매우 중요한 일이 일어났다고 조련사에게 이야기하지만, 정작 조련사는 그것을 그리 대수롭지 않게 여긴다.
　이것은 매우 중요한 의미를 갖는다.
　호랑이 세계에서 중요하다고 여겨지는 것은 단지 호랑이의 생각일 뿐 조련사의 세계에서는 중요한 일은 없다. 자신이 깨어 있기만 하다면 호랑이 세계에서 일어나는 일은 조련사에게 모두 해결 가능한 일이다.
　그렇기 때문에 엄마는 인자한 모습으로 질문한다.
　그것이 조련사의 태도이다.
　우리가 삶속에서 만나게 되는 어떤 당황스러운 일도 조련사에게는 그리 중요한 일이 아니다. 그냥 그런 일이다.
　심지어는 자신의 죽음조차 조련사에게는 담담한 일일 수 있다. 왜냐하면 조련사는 몸의 존재가 아니기 때문이다.
　몸의 죽음처럼 명확한 일이 어디 있을까?
　누구나 당연히 죽는다. 이처럼 당연한 일이 일어난 것이 그렇게 호들갑을 떨 일이 아니라는 것이다.
　죽음마저 당연하다면, 그 이외의 일은 어떠할까?
　모든 것이 당연한 일이다.

당연하지 않은 일이 딱 하나 있다면 그것은 바로 조련사의 부재, 즉 조련사가 자는 것이다. 그것만 아니라면 아무 문제가 되지 않는다.

조련사인 엄마는 묻는다.

"학교에서 무슨 일이 있었구나, 진정하고 무슨 일인지 말해 보렴."

교실에서 무슨 일이 일어나는 것은 매우 당연한 일이다. 하지만 긍정의 화신인 감동이조차 그 일에 흥분하게 된다. 흥분하게 되면 아무것도 보이지 않게 된다. 그리고 심지어는 그 일이 무슨 일인지조차 모르게 될 수도 있다. 그렇기 때문에 엄마는 말한다. '진정해, 그리고 무슨 일인지 말하는 동안 너는 그 일이 무슨 일인지 제대로 알 수 있을 거야.'라고 이야기하고 있는 것이다.

우리는 우리의 감정에서 일어나는 일을 제대로 인식하지 못하는 경우가 많다.

우리가 그것을 누군가에게 말하거나 글로 써내려가 본다면 당신은 그것이 당신의 느낌과 상당히 차이가 있다는 것을 알게 될 것이다.

이것은 자신을 성찰하는 도구가 된다.

자신에게 일어난 일을 자신이 모를 수 있다는 것이다. 이것이 호랑이의 세계이다.

3. 감동이는 씩씩대면서 학교에서 '욱'이가 아무것도 아닌 이유로 화를 내서 기분이 나빴던 이야기를 엄마에게 들려줬습니다.
"엄마, 전 욱이가 전학을 가버렸으면 좋겠어요. 욱이를 전학 보낼 수는 없나요?"

막상 엄마가 감동이를 진정시키고 이야기해 보라고 하지만 이야기를 시작하자마자 감동이의 모습은 욱이를 닮아가고 있음을 우리는 보게 된다.

아주 이상한 일이다.

그 착한 감동이마저 욱이의 모습을 드러낸다.

이것이 욱이의 위험성이다.

욱이는 이처럼 어떤 긍정도 불태운다.

그리고 자신의 적을 만드는 것 같지만 모두 한통속이 되기 때문에 모두 악의 편에 서게 된다.

우리의 삶에서 일어나는 정의감도 이와 같다. 내가 아무리 정의로운 사람이라고 하더라도 그 정의감이 나에게 일으키는 일은 모두 불의이다.

즉, 나쁜 감정이 일어나는 것은 좋지 않다는 뜻이다.

감동이는 급기야 욱이를 없애는 방법을 묻는다.

참 아이러니한 이야기이다.

내가 진행했던 어떤 과정에서 한 분이 이야기한다.

"욱이가 있다는 생각부터 없애야 합니다. 저에게는 욱이가 없습니다."

나는 그에게 말했다.

"그건 말도 안되는 말이에요. 어떻게 욱이가 없을 수 있어요?"
라며 의도적으로 따지듯이 물었다.

그는 스스로를 항변하기 위해 자신에게 욱이가 없음을 증명하기 위해 애썼고, 그가 애를 쓰면 쓸수록 그의 욱이가 드러날 수밖에 없었다.

나는 그의 욱이를 계속 끌어내고 나서 다시 냉정한 모습으로 미소를 띠면서 말했다.

"지금 선생님께 나오고 있는 것은 혹시 무엇인가요?"

그는 겸손한 분이었고, 미소를 지으면서 대답했다.

"욱이가 있었네요."

욱이는 전학 보낼 수 있는 존재가 아니다. 없앨 수 없다.

없앴다고 생각하는 것은 착각이다.

없앴다고 생각하는 순간 욱이는 작동한다.

하지만 없애야 한다는 생각마저 없어졌을 때 욱이는 사라질 수 있다.

그 생각을 일으키는 것이 욱이이기 때문이다.

4. 엄마는 감동이의 머리를 쓰다듬으며 말했습니다.
"감동아, 욱이가 화를 잘 내지?
그래서 감동이가 마음이 상했구나.
그런데, 감동아. 욱이가 늘 그렇게 도움이 되지 못하고
교실 분위기를 해치니?"

조련사인 엄마는 이제 적극적으로 감동이를 진정시킨다.

머리를 쓰다듬는 것이다.

어떤 난폭한 개도 주인 앞에서는 꼬리를 흔드는 법이다.

호랑이도 마찬가지이다.

조련사는 흥분한 호랑이에게 적극적으로 자신을 인식하도록 돕는다.

흥분한 호랑이는 지금 자신의 조련사가 눈을 뜨고 있다는 사실을 깨닫지 못하고 날뛸 수 있다. 하지만 그럴수록 조련사는 호랑이에게 자신이 깨어 있음을 어필한다. 호랑이는 자신이 보고 있는 세상에 대해서 집중하는 순간부터 흥분을 가라앉히지 못하고 괴로워한다. 그래서 조련사는 그의 머리를 쓰다듬는다.

여러분도 이제 호랑이를 보게 된다면, 그리고 그가 흥분하고 있는 모습을 보게 된다면 머리를 쓰다듬으면 된다.

그리고 그를, 즉 그의 감정을 이해해 주어야 한다.

조련사는 알고 있다. 그를 훈계해서 되는 것이 아니라 그 스스로 자신의 문제를 볼 수 있어야 문제를 스스로 풀 수 있다는 사실을 말이다.

그래서 그 감정을 이해해 주기 위해 최선을 다한다.

조련사는 알고 있다. 그것이 감정이고, 그 감정은 거짓이라는 것을 말이다.

하지만 그것이 거짓이라는 사실은 그리 중요한 것이 아니다. 왜냐하면 호랑이가 그것을 거짓으로 알아차리지 못하는 한 그것은 호랑이에게 사실이기 때문이다.

그래서 조련사는 호랑이의 감정에 동의하고 이해한다.

하지만 이해에 그쳐서는 안 된다. 왜냐하면 그것이 이해에 그치게 되면 호랑이에게 자각이 없고, 자각이 없으면 조련할 수 없기 때문이다.

그래서 묻는다. 너의 말이 진짜냐고, 딱 한 번의 예외라도 찾아보라고 말이다.

이것은 참 재미있는 질문이다. 왜냐하면 딱 한 번의 예외를 통해서 모든 것을 의심해야 한다는 실마리를 찾기 때문이다.

우리는 통계와 확률의 세상을 살아간다. 하지만 조련사는 아주 독특한 방식으로 문제를 접근한다. 그것은 단 한 번의 예외가 생긴다면 그것은 너의 전제 모두가 틀릴 수 있다는 가정에서 출발하기 때문이다.

세상 모든 사람들이 나쁜 사람이라고 손가락질하는 어떤 사람이 있다고 하더라도 그를 사랑하는 한 사람이 있다면, 그에게 그 나쁜 사람은 더 이상 나쁜 사람으로서만 존재하지 않는다는 것이다.

이것은 아주 독특한 접근이지만 조련사의 세계에서는 가능한 일이다.

이것은 우리의 삶을 통해서 얼마든지 증명 가능한 일이다.

우리는 세상이 모두의 것이라고 생각하지만 모두의 세상은 없다. 그냥 자신의 세상이 존재할 뿐이다.

자신의 세상에 자신이 살아갈 뿐 모두의 공통된 세상 같은 것은 없다.

그래서 엄마는 감동이에게 그 틈을 묻고 있는 것이다.

5. 감동이는 곰곰이 생각하더니 이렇게 말했습니다.
"네, 엄마. 욱이는 툭하면 화를 내고, 제일 먼저 나서서
다른 애들이나 제가 말하는 것을 가로채요.
욱이가 전학을 가버렸으면 좋겠다고 생각하는 것은
저만 하는 생각이 아니에요."

　감동이는 곰곰이 생각해 본다. 하지만 아무리 생각해도 예외를 찾을 수 없는 모양이다.
　그리고 오히려 그 근거를 더 찾기 위해 애쓴다.
　이것이 호랑이의 특성이다.
　자신이 가지고 있는 논리를 버리기 보다는 자신의 논리를 강화하는 호랑이, 이것이 우리의 모습니다.
　그리고 그 논리 중의 하나가 바로, 자신만의 생각이 아니라는 것이다. 얼마나 타당한 이야기인가?
　모두가 싫어한다.
　나만의 이야기가 아니다.
　이렇게 강력한 믿음, 그것은 흡사 중세에 천동설을 지지하던 과학자들의 논리만큼 견고하다.
　그들은 추호의 의심도 없이 천동설을 신봉해왔다.
　하지만 지금 그것을 믿는 사람은 한 명도 없다.
　천동설을 이상하게 여긴다는 것은 천벌을 받을 만큼 죄악시 되는 일이기도 했다. 하지만 누군가의 의심이 그 철옹성을 부수기 시작했다.

감동이는 지금 자신의 믿음을 이야기하고 그 근거를 이야기한다.

우리는 이 페이지를 통해 나의 믿음에 대해서 생각해보아야 한다.

나의 믿음이 강할수록 나는 나의 편견에 갇히게 된다.

그렇다면 나의 믿음은 무엇인가? 그것은 곧 편견이다.

나의 믿음이 나의 편견이 되게 하지 않으려면 어떻게 해야 하는 것일까?

그것은 바로 자신을 점검하는 것이다. 조련사인 엄마는 어떻게 감동이가 스스로 자신을 점검하도록 돕는지 살펴보자.

> 6. 엄마는 다시 물었습니다.
> "감동아, 다시 한 번 생각해 보렴.
> 정말 욱이는 너희 반에서 필요 없는 존재였니?
> 욱이가 필요하다고 느낀 적이 단 한 번도 없니?"

 엄마가 감동이에게 주문하는 것은 다름 아닌 '다시 생각해 보기'이다.
 이것은 무슨 뜻일까?
 다시 생각하기를 통해서 이루어지는 것은 무엇일까?
 도대체 무엇을 다시 생각하라는 말일까?
 그것은 자신의 생각을 다시 생각하라는 말이다.
 자신의 생각을 다시 생각하면 무슨 일이 일어날까?
 그것은 생각을 생각하는 일이 된다.
 생각을 생각하게 되면 무슨 일이 일어날까?
 생각되어지는 생각이 더 좋은 생각이 될까? 아니면, 다시 생각한 그 생각이 더 좋은 생각이 될까?
 당연히 후자일 것이다.
 둘 다 나의 생각이었는데 생각을 생각하게 되어 얻게 되는 생각이 훨씬 더 훌륭하다는 사실을 알게 될 것이다.
 만약 그렇지 않다면 또 다시 생각해 보면 된다.
 이렇게 생각하기를 거듭하는 동안 생각은 성장하게 된다.
 다시 생각하기를 오해하는 경우 생각의 대상에 대해서 거듭 생각하게 될 수도 있는데 이것은 오류이다.

여기서 이야기하는 다시 생각하기는, '생각' 그 자체를 다시 생각해 보라는 말이다.

그래야 내적 변화를 느낄 수 있다.

그렇다면 생각의 대상이 되었던 그 생각이 다시 생각한 후에 살펴보면 어떨까? 아마도 그 전의 생각이 모자랐다는 사실을 알게 될 것이다.

그렇다면 그것의 이름을 뭐라고 다시 붙여주면 도움이 될까?

그렇다. 그것의 이름이 바로 '망상'이다.

우리의 느낌은 우리에게 생각으로 자리 잡으며 망상을 일으킨다.

하지만 거듭된 생각을 통해 우리는 망상에서 벗어나게 된다.

결국 망상을 벗어나기 위해서 우리는 다시 생각하게 되고, 다시 생각한 후에 우리는 우리의 성숙을 경험하게 된다.

그리고 비로소 자신의 편견이 깨어지게 된다.

7. 감동이는 다시 한 번 진지하게 생각하더니 말했습니다.
"하긴, 예전에 옆 반에서 싸움을 제일 잘하는 '혁'이가
우리 반에 들어와서 우리 반 친구들을 괴롭힐 때,
앞장서서 혁이를 내쫓은 적이 있어요.
그래도 그건 한 번 뿐이에요."

드디어 감동이는 한 번의 예외를 찾아내게 되었다. 이제 실마리를 잡은 것이다.

딱 한 번의 예외를 통해서 이제 우리는 답에 다가갈 수 있다.

하지만 감동이는 아직도 미련을 버리지 못한다. 딱 한 번의 예로서 어떻게 모든 것을 뒤엎을 수 있는지를 의심하는 것이다.

그렇지만 그 딱 한 번의 예외는 열쇠와 같다.

내가 어느 학교에 강의를 하러 갔는데, 학생들이 강당에 들어가지 못하고 모두 강당 앞 복도에 서 있는 것이다.

이유는 간단했다. 열쇠를 가진 선생님이 오지 않았기 때문이었다.

한참을 기다린 후에 도착한 선생님은 작은 열쇠 하나를 가지고 문을 열었다. 그 문을 열자마자 기적처럼 커다란 강당이 펼쳐졌고, 학생들은 하나둘씩 자리를 찾아 앉았다.

만약 열쇠가 없었다면 어땠을까? 우리는 아마도 모두 밖에서 떨다가 끝났을 것이다.

이것이 바로 그 열쇠의 역할이다.

감동이는 열쇠를 찾아 놓고도 그것으로 문을 열어서 맞게 될 기적을

아직도 알아채지 못한다. 그것이 호랑이의 모순이다.

　하지만 이미 일은 시작되었다.

　그러니 언제든지 기적은 일어날 수 있게 된 것이다.

8. 엄마는 미소를 지으며 말했습니다.
"만약에 욱이가 없었다면, 너희 반은 어떻게 되었을까?"
감동이가 대답했습니다.
"아마, 혁이한테 다들 괴롭힘을 당했을 테지요…"
"그리고?" 엄마가 다시 물었습니다.
"아마 계속해서 혁이가 우릴 괴롭혔겠지요."

엄마는 여지없이 이 열쇠를 작동시키기 시작한다.

감동이는 자신이 동의하기는 싫지만 엄마의 말을 듣지 않을 수 없다.

왜냐하면 자신이 스스로 열쇠를 찾아냈고, 스스로 자신의 문을 열고 있기 때문이다.

엄마의 역할은 이와 같다.

엄마가 스스로 그 열쇠를 사용하지 않는다.

감동이가 열쇠를 찾고, 스스로 그것으로 문을 열도록 할 뿐이다.

감동이는 이윽고 스스로 문을 연다. 하지만 아직도 미련이 남는지도 모른다.

혁이가 우리를 괴롭히도록 내버려 두게 되었다면, 욱이가 가끔 괴롭히는 것보다 더 큰 괴로움이 왔다는 사실을 감동이는 스스로 이야기하고 나서야 스스로의 모순을 직시할 수 있게 된다.

엄마는 길을 제시한다. 하지만 그 길에 감동이를 끌고 갈 수는 없다.

그래서 길을 제시하는 방법으로 질문을 사용한다.

질문은 마치 어둠을 비추는 불빛처럼 어둠을 뚫고 길을 비추고, 그 길을 따라 감동이는 걸어간다. 그리고 마침내 자신의 우둔함을 깨우치고 진리를 만나게 되는 것이다.

9. 감동이는 목소리를 높여서 물었습니다. "그럼 엄마, 웅이가 우리를 계속 괴롭히게 놔둬야 되는 건가요?"

감동이는 마지막으로 자신에게 남은 일말의 미련을 없애는 질문을 한다.

이 질문을 통해서 감동이는 스스로 자신에게 남은 마지막 의혹을 해결하는 것이다.

이 같은 작용이 일어나는 것은 호랑이가 조련사에게 갖는 경외감 같은 것이다. 이 경외감이 없다면 호랑이는 조련사에게 이와 같은 질문을 하지 않을 것이다.

하지만 호랑이는 이 질문을 통해서 자신에게 남은 마지막 의혹을 어떻게 떨쳐버려야 하는지를 묻는다.

호랑이는 알고 있다. 이것을 떨쳐버리지 못한다면 호랑이에게는 늘 의심이 생길 것이기 때문이다.

도대체 무엇이 옳고 그른 것인지에 대한 의심 말이다.

그래서 감동이는 질문한다.

"엄마, 그렇다면 방법이 뭐에요?"

10. 엄마는 빙그레 웃으며 말했습니다.
"감동아, 너희 반에는 지혜가 있잖니? 지혜에게 물어보렴.
그럼 지혜가 욱이가 너희를 괴롭히지 않고,
사랑하고 보호하는 방법을 알려줄 거야."

엄마는 빙그레 웃는다.

왜냐하면 엄마는 감동이와의 소통을 통해서 이미 조련사의 역할로 감동이의 믿음을 깼고, 그것으로 이미 감동이는 편견으로부터 벗어나게 되었다는 것을 알기 때문이다.

엄마는 다시 생각하기를 통해서 감동이가 지혜의 길로 접어들었고, 이제 더 지혜로워질 것을 알고 있다.

그래서 이제 조금 떨어진 조련사로서의 자신의 역할을 접고, 감동이와 함께 하는 조련사인 지혜에게 자리를 양보한다.

여기서 헷갈리지 말 것은, 지혜나 선생님이나 엄마나 모두 조련사의 화신이다.

같은 조련사이지만 다른 각도에서 호랑이를 보고 있다고 생각하면 편할 수 있다.

호랑이의 관점에서, 물질 세계만을 상정한 채 이해하려고 하기보다는 좀 더 유연한 이해를 하면 할수록 편할 수 있다.

욱이는 사실, 호랑이의 생명을 유지시키는 역할을 하고 있다.

적으로부터 자신을 보호하고, 배고픔으로부터도 자신을 지켜낸다.

그래서 몸의 입장에서는 욱이가 필요할 때가 때때로 있다. 하지만 욱이는 통제되어야만 한다.

그래서 적절함을 알고 스스로 자신의 역할 안에서 행동한다.

하지만 절제되지 않으면 주인 행세를 하며 자신을 파멸로 이끌 수도 있다.

욱이는 없앨 수도 없고, 없애서도 안 된다.

다만 통제하고 조련해야 하는 대상인 것이다.

Self 심리상담

1. 욱이는 왜 제일 먼저 앞장서서 나설까요?

네, 욱이는 우리 마음속에 있는 '화'나 '분노' 같은 것입니다.
자신의 내면을 잘 살펴보세요.
이 동화에 있는 것처럼 우리 마음속에 있는 욱이는 늘 먼저 나서서 관계를 엉망으로 만들 때가 있습니다.
그리고 정말 내가 의도치 않은 결과를 만나게 하기도 합니다.
하지만 조금 이상한 것은 사람에 따라서 가장 먼저 나오는 것이 욱이가 아닌 경우도 있다는 사실입니다.
그렇지만 대개는 욱이가 나와서 상대방의 욱이를 끌어내지요.
그리고 두 욱이가 만나면 그야말로 전쟁이 일어납니다.
우리 마음속의 욱이는 가장 성격이 급합니다.
그래서 가장 먼저 튀어나와서 마치 욱이 자신이 당신의 주인인 것처럼 행동하지요.
누가 가장 먼저 나설지 선택하지 않는다면
늘 당신은 욱이가 먼저 당신 주변의 사람들을 만나게 할 것이고,
그들은 진정한 당신을 알지 못하고
당신의 욱이가 당신인 것으로 생각하고 대할 것입니다.
그러는 동안 당신 주변에는 점점 사람들이 사라질 것이고,
당신은 원인도 모른 채 외로워질 것입니다.
그리고 후회하겠지요.

2. 자신도 모르게 욱이가 나와서 일을 망쳐버렸을 때를 떠올리고 적어보세요.

아마 이 질문의 답을 생각하면서 당신은 당신의 그때의 모습을 후회했을 것입니다.

'내가 도대체 왜 화난 거지?'

'참 바보 같았어.'

'시간을 다시 되돌릴 수만 있다면…'

이렇게 생각했을지도 모릅니다.

이런 당신의 모습을 보면서 우리는 새로운 사실 두 가지를 발견하게 됩니다.

하나는, 우리는 지나간 과거만 후회할 수 있다는 것입니다.

왜 그럴까요?

그것은 바로 과거의 나와 현재의 내가 다르기 때문입니다.

다시 말해 마음이 진정된 상태에서 '욱'이를 바라보는 우리는 '욱'이가 진짜 내가 아니라는 사실을 알기 때문에 비로소 후회할 수 있다는 이야기입니다.

두 번째는, 과거는 바꿀 수 없다는 것입니다.

후회해도 소용없다는 것이지요.

하지만 기회는 있습니다.

'지금 이 순간'

'지금 이 순간'은 수많은 과거가 만들어지고 미래가 창조되고 있는 순간입니다. 여러분의 미래를 '욱'이가 망치면서 만들게 내버려 두지 마세요.

3. 욱이가 긍정적으로 작용할 경우도 있었나요?

질문의 답을 생각하면서 여러분은 아마도 욱이가 나쁜 존재만은 아니라는 사실도 아셨을 거예요.

동화에서 보는 것처럼 욱이는 어떤 경우는 자신을 방어해 주기도 하고, 자신에게 필요한 것들을 제공해 주기도 합니다.

그래서 아마도 우리는 욱이에 대해서 무방비 상태였는지도 모릅니다.

욱이는 늘 우리 몸을 지키기 위해 일어나는 마음의 작용입니다.

그래서 몸을 지키기 위해 아무 때나 나서게 되지요.

하지만 욱이가 아무 때나 나서게 되면 우리는 사람들과의 관계에서 매우 이기적이거나 혹은 관계를 망치는 경우가 생기기도 합니다.

그러면 이렇게 이해할 수 있겠네요.

욱이를 잘 다스리면 우리에게 큰 도움이 되기도 하고, 그렇지 못하면 큰 화를 입기도 한다고요.

4. 욱이가 아무 때나 나오지 않게 하는 방법은 무엇일까요?

첫 질문에서 이야기했던 것처럼 욱이는 아무 때나 나오지만 어떤 사람들에게서는 욱이보다 냉정하고 정제된 지혜가 나오기도 합니다.

혹은 냉정이만 나오기도 하지요.

어떤 이유에서 일까요?

그것은 여러 가지 이유가 있습니다.

유전자의 문제이거나 혹은 교육의 문제이기도 합니다.

하지만 이 워크북에서는 보다 직관적이고 진보적인 방법을 여러분에게 알려드립니다.

그것은 바로 자신의 감정을 바라보고 알아차리는 것입니다.

그러기 위해서는 자신의 감정을 늘 관찰하고 있어야 합니다.

그래야 자신의 감정 중에 어떤 애들이 나오게 되는지를 알 수 있기 때문입니다.

이것은 말로는 매우 간단한 일이지만 실제 행위로 이어지기에는 매우 힘든 일입니다.

이는 다음 질문에서 좀 더 좋은 방법을 찾아보지요.

5. 지혜를 불러내는 방법은 무엇이 있을까요?

일단 욱이가 등장한 다음에는 아무도 그를 말릴 수가 없습니다.

그래서 욱이의 등장을 막아야 합니다.

욱이의 등장을 막는 방법은 여러 가지가 있는데, 앞으로도 다양한 방법을 이야기하겠지만 가장 쉬운 방법을 알려드립니다.

그것은 자신의 심장박동이 빨라지면 그것은 곧 욱이가 등장을 한다는 전조신호입니다.

그대로 두면 욱이가 등장해서 모든 것을 깽판치고 말 것입니다.

그때 여러분은 심장에 손을 갖다 대고는 이렇게 말하십시오.

"괜찮아! 괜찮아! 지금은 네가 나올 때가 아니야."라고

그러면서 함께 할 일이 있습니다.

그것은 바로 심호흡을 하는 것입니다.

심호흡과 함께 이 말을 당신의 심장에게 직접 전달한다면, 욱이는 아마 자신의 등장 타이밍이 지금이 아니라는 사실을 알게 될 것입니다.

또는 잠시 돌아서거나 자리를 뜨는 것도 현명한 방법입니다.

지혜는 바로 당신입니다.

진짜 당신 말입니다.

Chapter 4
기대 전학 오다

선생님이 새로 전학 온 '기대'를
감동이네 반에 소개했습니다.
기대는 정말 잘생겼지만,
약간 심술궂게 생기기도 했습니다.

어느 날, 선생님께서 모두 화단에 나가서
청소를 하라고 말씀하셨습니다.

청소를 한창 하고 있을 때,
기대가 욱이에게 다가가서 말했습니다.

"욱아, 너는 정말 열심히 일한다.
네가 잘난이 청소까지 다 하는 거 같아.
잘난이 좀 봐. 잘난 척만 하고 빈둥거리잖아."

욱이는 화가 나서 잘난이에게 화를 내며
소리를 질렀습니다.

기대는 짜증이에게 다가가서 말했습니다.

"짜증아, 저기 까불이 좀 봐. 까부느라 네가 애써
청소해 놓은 것을 까불이가 까불어서 더 어지럽혀 놨어.
이걸 어떡하니?"

짜증이는 까불이에게 달려가 짜증을 내기 시작했습니다.

기대는 야릇한 미소를 지으며,
감동이에게 말을 걸었습니다.

"감동아, 저기 지혜 좀 봐.
지혜는 너보다 더 똑똑한 척하면서 청소하는데,
내가 볼 때는 네가 더 현명해 보여. 그렇지 않니?"

감동이는 미소를 지으며 말했습니다.

"기대야, 지혜가 나보다 현명한 건 사실이야.
지혜의 말을 잘 들으면 모두가 현명해져.
너도 지혜랑 이야기를 해 봐."

기대는 기분이 나빠졌습니다.
그래서 지혜를 찾아가서 거짓을 말했습니다.

"지혜야, 감동이가 그러는데,
감동이가 너보다 현명하다고 하는데,
내가 볼 때는 네가 더 현명한 거 같아.
어떻게 생각하니?"

지혜는 미소 지으며 말했습니다.

"기대야, 나는 너를 계속 지켜봤단다.
네가 욱이에게 가면 욱이는 더 욱하고,
짜증이는 더 짜증이 나지.
하지만 그럴수록 네 얼굴은 욕심쟁이로 바뀌어가.
그걸 알고 있니?"

기대는 깜짝 놀랐습니다.
그리고 눈물을 뚝뚝 흘리며 말했습니다.

"지혜야, 그럼 내가 욕심쟁이가 되지 않으려면
어떻게 해야 하니?"

지혜는 기대를 안으며 말했습니다.

"내 곁에 있어."

동화 따라 배워보기

> 1. 선생님이 새로 전학 온 '기대'를
> 감동이네 반에 소개했습니다.
> '기대'는 정말 잘생겼지만,
> 약간 심술궂게 생기기도 했습니다.

    화는 늘 일어난다. 그런데 화가 도대체 왜 일어났을까? 화가 일어나는 원인이 여러 가지라고 생각하기 쉽다. 하지만 근본적인 원인은 한 가지이다. 그것은 기대 때문이다. 대부분의 자기계발 서적들은 이 기대를 긍정적인 부분으로 다루지만 실상은 거리가 멀 수도 있다. 기대는 우리가 화나게 하는 근본 원인이 된다. 기대 때문에 화를 내게 되면 우리는 불행해진다. 그러니까 결국 기대가 우리를 불행에 빠뜨린다는 말이 된다.
    그렇다면 기대의 영역은 어디까지일까?
    사람들은 자신의 의지가 기대를 일으킨다는 착각을 하기 쉽다.
    하지만 길 가던 얼굴도 모르는 사람이 자신의 발을 밟는 상황이 되면, 자신은 얼굴도 모르는 그 사람에게 자신을 해치지 않고 길을 잘 가기를 기대했었다는 사실을 깨닫게 될 것이다. 그리고 여지없이 화가 나고 불행해진다.
    기대의 영역은 우주 끝까지 영향을 미치고 있다. 과학이 발달해 외계의 문명과 교류하게 되었다고 가정해 보자. 그리고 우주 끝의 외계에서 걸려온 전화 한 통이 나를 비방하고 욕한다면 화가 나지 않을 사람이 있을까?
    그렇다면 왜 기대할까?

사람들은 저마다 기대의 성공 경험이 있다. 그리고 그것은 매우 성취감이 있고 발전적이라고 느낄 것이다. 그래서 기대로써 자신과 주변의 발전을 꾀한다. 하지만 기대의 실상은 그리 긍정적이지만은 않다. 기대는 사실 사랑받고자 하는 마음이다. 그러니까 조금 더 사실적으로 표현하자면, 구걸에 가깝다. 누군가 자신을 사랑해주기를 바라는 마음이다.

그런데 자신의 욕망만큼 누군가 사랑해 주지 않으면 금세 토라져 슬퍼하고 화내고 불행해져 버린다.

기대는 이처럼 우리의 삶을 불행으로 이끄는 원동력이며, 원래 우리는 모두 기대가 얼마나 위험한지 알고 있었다.

모든 엘리베이터에 가면 '기대면 위험합니다.'라고 써져 있다.

물론 이 두 기대는 좀 다르지만 원천은 같다. 기댄다고 하는 것은 중심을 잃어버린 것이다. 이것은 처음의 기대와 원리가 같다. 자신의 행복을 남에게 기대고 있는 것이니 말이다.

중심을 잃으면 사람은 곧 넘어진다. 넘어지면 아프고 아프면 화가 난다. 그러면 곧 불행해진다.

중심이란 무엇일까?

중심은 자신의 생각으로 자신이 스스로 서 있는 것이다.

기대는 남의 생각에 자신을 기댐으로써 중심을 잃게 만든다.

그러므로 기대는 순간 우리는 우리 자신을 잃어버린 꼴이 되는지도 모른다.

하지만 기대한다고 해서 모두 화가 나는 것은 아니다.

기대가 커서 실망이 되어야 화가 난다.

그리고, 실망을 한다고 모두 화를 내는 것도 아니다. 실망이 커서 마음에 상처를 입어야 화가 난다.

그러니까 결국 기대하고, 실망하고, 상처받고, 화가 나고, 불행해지는 것이다.

그렇다면 왜 기대했을까?

우리가 늘 이렇게 기대를 하면서 살아가게 된 이유가 무엇일까?

그것은 우리의 감각기관이 모두 바깥의 것을 탐닉하며 더 좋은 것을 찾도록 설계되어 있기 때문이다.

즉 보는 순간 갖고 싶은 마음이 생긴다.

다른 사람이 좋은 집을 사면 자신의 집이 초라해 보이고, 그 집을 갖고 싶은 욕망에 사로잡힌다.

그러니까 행복해지고 싶어서 우리는 늘 기대하게 된다.

그렇다면 왜 행복해지고 싶어 할까? 모든 인간들의 삶의 목표가 행복이다. 그것은 다시 말하면, 모든 인간들은 지금의 자신을 자신이 추구하는 행복에 미달된 사람으로 인식한다는 말이 된다.

즉 이 감각기관들 때문에 우리는 늘 자신에게 행복이 없다고 생각하게 된다는 말이다.

행복이 없다고 생각하는 것은 자세히 들여다보면 이와 같다.

자신에게 아무 부족함이 없었는데 누군가 맛있는 것을 먹는 것을 보면 그것이 먹고 싶어진다. 그리고 그것을 먹을 형편이 되지 않으면 자신이 초라하게 느껴진다. 즉 부족이 발생하는 것이다.

이것은 아주 이상한 일이다.

부족이 있는 것이 아니라 부족하다는 생각이 존재하게 되는 순간 부족은 그에게 현실이 된다. 그리고 그것을 가지고 싶은 욕망이 생기게 되고 그 욕망이 기대를 작동시키고 그것을 성취하게 되면 행복이라고 느끼지만, 매번 이 같은 일들이 반복되는 동안 성공만 있을 수 없기 때문에 실패가 일어나면 실망과 상처와 분노와 불행이 찾아온다.

또한 30년 동안 열심히 일하여 작은 집을 한 채 장만해서 행복에 겨워하던 사람이 으리으리한 집을 상속받은 친구를 보면서 자신의 삶에 불만이 생길 수도 있다.

또한 지금 열심히 일하고 있는 직장에서 명예퇴직을 하고 떠나는 선배들이 제대로 정착하지 못하는 모습을 보면서 자신의 미래에 대해 불안한 마음이 생길 수도 있다.

이처럼 오지도 않고 있지도 않았던 불안과 불만과 부족은 자신의 삶에 행복이 없다는 근거를 제시하게 되고, 그 근거들 때문에 사람들은 행복해야 한다는 목표, 즉 욕망을 갖게 되며, 그 목표를 이루기 위해 기대하고 실망하고 상처받고 분노하고 불행해진다.

불행이 현실화 되자 그는 그것을 확신한다. 그래서 '맞아, 이렇게 나는 불행한 존재지.'라는 생각이 또 자신을 불안과 불만과 부족의 존재로 인식하며 악순환을 반복한다.

이렇게 자신을 부족과 불만과 불안의 존재로 인식하는 그, 그가 바로 호랑이이다.

호랑이는 이처럼 늘 악순환의 반복으로 삶을 살아가며 괴로워한다.

하지만 조련사는 다르다.

조련사는 육체에 끌려 다니는 존재가 아니다.

그는 육체를 가지고 괴로워하는 호랑이의 주인이다.

그러므로 그에게는 부족, 불안, 불만이 없다.

그러므로 행복이 없다는 생각도 없고, 이미 행복한 존재이므로 행복하고자 하는 욕망도 없으며, 그러므로 기대도 없고, 기대가 없으므로 실망도 없다.

실망이 없으므로 상처도 없고, 상처가 없으므로 분노가 없고, 분노가 없으므로 불행이 없다.

조련사의 삶에서도 또한 증명된다. 자신이 그냥 행복한 존재라는 것이 말이다.

물론 조련사의 행복과 호랑이의 행복은 결이 다르다.

이것은 차차 알아볼 것이다.

결국 자신의 삶을 호랑이로서 살아가게 된다면 모든 사람은 이와 같은 악순환으로부터 자유로울 수 없다.

하지만 자신의 삶을 조련사로서 정하는 순간 조련사는 행복한 존재 그 자체가 된다.

이 동화에서 기대는 정규 멤버가 아니라 전학을 온다.

그것은 바로 우리의 감각기관들이 그를 초대하는 것과 같다.

우리의 모든 감각기관들은 자신의 행복을 추구하기 위해 날을 세우고 행복을 찾아 헤맨다. 그러는 동안 더욱더 처참한 자신의 불행을 맞이하게 되는지를 깨닫지 못한 채 말이다.

그는 그럴듯해 보인다.

멋있어 보인다.

그것은 유혹이다.

감각기관들은 보이는 대로 갖고 싶어 하고 보이는 대로 먹고 싶어 하며, 들리는 대로 비판하거나 즐기고 맛보는 대로 삼키게 된다.

그러므로 심술쟁이가 되어 갈 수밖에 없는 것이다.

2. 어느 날, 선생님께서 모두 화단에 나가서 청소를 하라고 말씀하셨습니다.
청소를 한참 하고 있을 때,
기대가 욱이에게 다가가서 말했습니다.
"욱아, 너는 정말 열심히 일한다. 네가 잘난이 청소까지 다 하는 거 같아. 잘난이 좀 봐. 잘난 척만 하고 빈둥거리잖아."
욱이는 화가 나서 잘난이에게 화를 내며 소리를 질렀습니다.

    기대는 선생님의 지시로 청소를 하는 것에 집중하는 것이 아니라 다른 개구리들에게 참견하는 데 집중한다. 그리고 욱이를 자극한다.
    위에서 설명한 것처럼 기대는 모든 현실을 왜곡시킨다.
    여러분에게 온 어떤 행운도 여러분의 기대가 무력화시킬 수 있다.
    어느 날 누군가 당신에게 그냥 돈을 1억 원 준다고 가정해 보자. 생각만 해도 신나는 일일 것이다.
    하지만 당신과 친한 누군가에게 그가 2억 원을 주었다는 소식을 듣게 된다면 당신의 마음은 어떨까?
    심경이 복잡해지지 않을까?
    '왜 나에게는 조금 주고 그에게는 많이 줄까? 나를 업신여기는 건가?' 하는 생각이 당연히 들 것이다.
    하지만 당신에게 주어진 1억도 큰 돈일뿐더러 그냥 생긴 것이 아닌가?
    이처럼 기대는 자신에게 온 행운마저 걷어차고 불행으로 달려가게 만든다.

기대는 욱이에게 속삭인다.

'너의 존재감을 보여줘, 너는 역시 멋져, 니가 나서야 이 교실이 더욱 더 빛날 거야.'라면서 말이다.

욱이의 입장에서는 얼마나 신나는 일인가?

자신을 알아주는 동지를 만났으니 말이다.

하지만 기대의 꼬드김에 넘어가는 순간 여지없이 분쟁이 일어나고 삶은 괴로움으로 치닫는다.

3. '기대'는 짜증이에게 다가가서 말했습니다.
"짜증아, 저기 까불이 좀 봐. 까부느라 네가 애써 청소해 놓은 것을 까불이가 까불어서 더 어지럽혀 놨어. 이걸 어떡하니?"
짜증이는 까불이에게 달려가 짜증을 내기 시작했습니다.

이번에 기대는 짜증이에게 다가간다.
그리고 짜증이의 짜증을 돋운다.
짜증이도 여지없이 짜증을 더 부린다.
짜증이의 특기가 짜증인데 무엇을 하겠는가?
우리의 삶도 이와 같다.
당신이 짜증을 내는 것은 당연하다는 말이다.
짜증을 내면 낼수록 짜증은 더욱더 일어날 것이다.
그리고 짜증을 모두 퍼붓고 나서 고요해진 후에 자신을 바라보며 한없이 후회가 밀려올 것이다.
어떤 사람은 그러면서 또 짜증을 내기도 한다.
곁에서 보면 참 어리석어 보이지만 그 자신에게는 참으로 당연한 일이며 어쩔 수 없는 일이 될 수도 있다.
하지만 우리는 이 동화를 통해서 자신을 투영해 보아야 한다.
그래야 치유가 일어난다.
남을 통찰하는 능력은 누구에게나 있다. 하지만 그 통찰력을 자신에게 사용하는 능력, 즉 성찰은 아무에게나 일어나지 않는다.
그러므로 자신에게 통찰력이 있다고 해서 그것이 뛰어난 능력이라고 생각하는 것은 어리석은 일이다. 그냥 아무에게나 있는 능력이다.

짜증이와 욱이는 사촌격이다. 우리의 개구리 교실 앞에 앉아서 자신들이 반장인양 나서댄다.

욱이와 짜증이는 기대가 제일 다루기 쉬운 개구리들인 것이다.

기대는 이들의 취약점을 잘 안다.

그들은 기대의 이야기를 곧이곧대로 믿는다.

의심이 없다.

그들은 쉽게 분노하고 쉽게 불행해진다.

*4. 기대는 야릇한 미소를 지으며,
감동이에게 말을 걸었습니다.
"감동아, 저기 지혜 좀 봐.
지혜는 너보다 더 똑똑한 척하면서 청소하는데,
내가 볼 때는 네가 더 현명해 보여.
그렇지 않니?"*

＊

이제 기대는 감동이에게 찾아간다.

그리고 감동이를 자극하고자 한다.

기대는 교묘하다.

왜냐하면, 욱이에게는 욱할 만한 이야기를 들려주고, 짜증이에게는 짜증이 날 만한 이야기를 들려준다.

그리고 감동이에게는 감동이가 자극받을 만한 이야기를 가져온다.

맞춤형으로 찾아온다는 이야기이다.

그래서 우리 삶속에서 기대가 어떤 교양 있는 모습으로 찾아오더라도 현혹되어서는 안 된다.

당신이 교양을 떨며 오페라를 관람하고 입을 가리고 웃음을 웃는다고 해도 속은 그냥 이 개구리 교실임을 명심해야 한다.

당신의 기대는 그냥 당신에게 어울릴 법한 이야기로 당신에게 찾아와 당신을 자극할 것이다.

기대는 이처럼 감동이를 찾아와 감동이가 가장 듣고 싶은 이야기를 건넨다. "니가 더 현명하잖아, 너는 긍정적이고, 현명하지, 니가 지혜보다 현명하잖아, 그렇잖아?" 하면서 비교한다.

그리고 동의를 구한다.

기대의 가장 큰 특징 중의 하나는 비교하는 것이다.

누구나 비교당하거나 비교하면 이기고 싶은 욕구가 생긴다.

욕망을 자극하는 것이다.

그리고 그 자극에 동의하는 순간 진짜 자신을 잃어버리게 된다.

기대는 이것을 알고 있다. 그래서 비교한다. 감동이가 가장 가지고 싶은 것을 가지고 들이댄다.

우리의 세상은 참 이와 같다.

모든 것이 이처럼 비교와 경쟁 속에 내몰린다.

서로를 이겨야 하고 이기지 않으면 패배자가 된다.

이것이 호랑이의 세계인 것이다.

이제 감동이가 어떻게 대처하는지 보자

5. 감동이는 미소를 지으며 말했습니다.
"기대야, 지혜가 나보다 현명한 건 사실이야. 지혜의 말을 잘 들으면 모두들 현명해져. 너도 지혜랑 이야기를 해 봐."

감동이는 미소를 짓는다.

미소는 무슨 뜻일까?

그것은 감동이는 기대를 안다는 뜻이다.

기대의 의도를 안다는 뜻이다.

기대는 감동이를 자극하기 위해 그 말을 했다는 것을 이미 알고 있다는 뜻이다.

그렇다면 감동이는 그것을 어떻게 알았을까?

감동이가 가진 특별한 능력이 그것을 알게 했을까?

그런지도 모른다.

감동이가 가진 특별한 능력은 다름 아닌, 주제 파악의 능력이다.

감동이는 알고 있다. 지혜가 자신보다 현명하다는 사실을 알고 있는 것이다.

그렇기 때문에 흔들림이 없다. 감동이에게는 이 능력으로 인해 자신을 지킬 수 있게 되었다.

욱이나 짜증이에게는 없는 능력이다.

왜냐하면 욱이나 짜증이는 다른 개구리들의 세상에 자신이 관여할 수 있을 것이라고 생각하는 것 같다.

하지만 감동이는 그것이 불가능한 일이라는 사실을 알고 있다. 오직 자신의 세상을 잘 지키는 것만이 행복의 열쇠라는 사실을 알고 있는 것이다.

그래서 이야기한다.

"기대야, 지혜가 나보다 현명한 건 사실이야. 지혜의 말을 잘 들으면 모두들 현명해져. 너도 지혜랑 이야기를 해 봐."

이 이야기를 들으며 기대에게는 어떤 생각이 들었을까?

기대는 지금까지 실패한 적이 없었다.

욱이나 짜증이는 기대가 원하는 대로 모두 자신을 잃고 화내거나 짜증내면서 자신의 의도대로 진행되어 왔다.

하지만 감동이는 달랐다.

그래서 기대는 아마도 몹시 괴로웠을 것이다.

이제 기대의 다음 행보를 보자.

> 6. 기대는 기분이 나빠졌습니다.
> 그래서 지혜를 찾아가서 거짓을 말했습니다.
> "지혜야, 감동이가 그러는데,
> 감동이가 너보다 현명하다고 하는데,
> 내가 볼 때는 네가 더 현명한 거 같아.
> 어떻게 생각하니?"

그렇다.

기대는 매우 불쾌하다. 왜냐하면 자신의 사악한 의도가 드러났기 때문이다. 하지만 기대는 여기서 멈출 수 없다.

기대는 이와 같다.

브레이크 없는 욕망의 전차처럼 달려간다.

그곳이 어디인지는 중요치도 않다.

그냥 달려가던 대로 달려간다.

달려가는 것 자체가 목표인 우리와 같지 않은가?

자신이 달려가는 길에 지금 걸림돌을 만나자 이성을 잃고 급기야 지혜에게 거짓말까지 해댄다.

이제 기대의 목표는 하나다.

자신에게 모멸감을 주었던 감동이에게 복수하는 것일 것이다.

또한 모두에게 존경받는 지혜조차 흔들어버리고 반장의 자리를 빼앗고 싶었을지도 모른다.

그렇기 때문에 어떤 수단을 쓰는지는 이제 별로 중요하지 않다.

그냥 이기기만 하면 된다.

우리의 삶, 우리의 욕망과 너무나 닮아 있지 않은가?

그리고 없던 말을 지어낸다.

어차피 기대에게 그건 별로 중요한 것도 아니다.

그냥 모두를 파멸로 이끌 수만 있다면 말이다.

그리고 그 파멸의 원인을 기대는 감동이에게서 찾을지도 모른다.

'감동이가 그렇게 하지 않았다면 이런 일은 생기지 않았을 거니까, 이건 모두 감동이의 잘못이야'라고 말이다.

지혜의 가장 큰 덕목인 현명함을 이용해 지혜를 자극한다.

기대에게는 나름의 계획이 있다.

우리가 알던 수많은 훌륭한 역사적 인물들도 모두 이와 같은 간계에 넘어가 실패를 맛 본 적이 많다.

현명함조차 기대 앞에서는 무력화 될 수 있다는 것을 기대는 알고 있는 것이다.

기대는 지혜의 가장 큰 덕목인 현명함을 무기로 지혜를 공략하려고 한다.

지혜는 어떻게 대처하는가?

7. 지혜는 미소 지으며 말했습니다.
"기대야, 나는 너를 계속 지켜봤단다. 네가 욱이에게 가면 욱이는 더 욱하고, 짜증이는 더 짜증이 나지. 하지만 그럴수록, 니 얼굴은 욕심쟁이로 바뀌어가. 그걸 알고 있니?"

하지만 지혜는 거기에 휘말리지 않는다.

지혜가 보여주는 것은 현명함을 덕목으로서가 아니라, 행위로서 가지고 있는 것이다.

그래야 그것이 작동한다는 것을 알려준다.

현명함을 덕목으로 가지고 있는 것은 모순을 일으킨다.

하지만 행위로서 담고 있으면 자연스럽고 모순을 일으키지 않는다.

현명함을 덕목으로만 가지고 있으면,

"넌 현명한 줄 알았는데 아직 멀었구나."라는 말을 듣게 되는 경우 화가 날 수 있다. 이것이 모순이라는 말이다.

진짜 현명하다면 그 말에서 화를 내서는 안 된다.

그 말을 듣고 화를 내는 순간 현명함은 사라지기 때문이다.

그러니까 기대는 지혜에게 있는 현명함이 지혜가 소유하고 있는 어떤 무엇으로 생각하고 있었던 것이다. 그것은 현대를 살아가는 우리에게도 똑같이 적용된다.

그러니까 교양도 마찬가지이다.

어떤 교양 있는 귀부인에게

"참, 교양 없으시네요."라는 말을 한마디 하게 되면,

그녀에게 교양이 진짜 있는 것인지 없는 것인지 바로 알게 된다는 말이다.

지혜는 말한다.

"나는 너를 쭉 지켜봤단다."

지혜의 현명함은 이것이다.

자신의 안에서 기대의 움직임을 지켜봐야 한다.

기대는 요주의 인물인 것이다.

기대는 지금 전학을 오자마자 이 교실을 초토화시키고 있다.

반장이 유지해야 할 이 반의 질서를 기대가 다 무너뜨리고 있다.

그러니까 당연히 반장으로서 지켜봐야 할 것은 기대이다.

기대의 작용을 지켜보는 동안 기대가 사고를 치지 않게 되는 것이다.

지혜는 말을 이어간다.

"네가 욱이에게 가면 욱이는 더 욱하고, 짜증이는 더 짜증이 나지. 하지만 그럴수록 니 얼굴은 욕심쟁이로 바뀌어가."

기대의 작용을 기대에게 이야기해 주는 것이다.

그리고 그 결과가 자신에게 귀결되는 것을 알려준다.

기대가 모르는 한 가지가 바로 이것이다.

기대는 욱이를 더 화나게 하고, 짜증이를 더 짜증나게 하는데 목적이 있는 것 같았는데, 그 목적이 실현되면 실현될수록 자신의 얼굴이 욕심쟁이가 되어 간다는 사실을 깨닫지 못한다는 것이다. 이것은 정말 아이러니한 이야기이다.

자신이 일으키는 일이 어떤 결과를 초래할지도 모르고 그렇게 한다는 것이기 때문이다.

이것이 우리의 삶이다.

우리의 삶도 이와 같다.

욕망을 채우기 위해 모든 것을 쏟아붓고 달려가지만 그 결과 행복에 이르는 사람은 없다.

마지막으로 지혜는 말한다.

"그걸 알고 있니?"

이것은 기대에게 비수와 같다.

기대는 나름 똑똑하다.

아니, 스스로는 매우 현명하고 똑똑한 존재라고 생각했을 것이다.

왜냐하면 그가 원하는 대로 욱이도 짜증이도 다른 개구리들도 다 움직였기 때문이다.

그리고 자신이 원하는 대로 가다보면 얻게 되는 많은 것들을 자신이 아니면 얻었겠냐고 확신했을 것이다.

하지만 지혜의 물음에 그는 무너지고 만다.

"니가 저지른 일이 어떤 일인지 알고나 저지른 거니?"

라고 묻고 있으니 말이다.

8. 기대는 깜짝 놀랐습니다.
그리고 눈물을 뚝뚝 흘리며 말했습니다.
"지혜야, 그럼 내가 욕심쟁이가 되지 않으려면
어떻게 해야 되니?"

이제 기대는 자신의 추악한 얼굴을 마주한다.

자신이 무슨 짓을 했는지도 모르고 살아가던 삶은 자신이 추구하는 삶이 아니었다는 사실을 깨닫게 된 것이다.

결국 기대 역시 다른 이들로부터 인정받고 싶었던 것이다.

자신의 존재를 드러내고 다른 이들의 존경을 받고, 그것이 그가 원하는 삶이었는데 그것이 바보 같은 일이었다는 사실을 깨닫게 된 것이다.

그 욕구가 크면 클수록 자신은 이상한 결과를 얻게 되는 것을 지혜를 통해서 깨닫게 된 것이다.

우리는 삶속에서 언제 그것을 깨닫게 될까?

대부분이 죽음 앞에서야 그것을 깨닫게 된다.

자신이 찾아 헤매던 그것들이 다 허망하다는 것을 말이다.

자신이 찾아 헤매던 그것들을 이미 자신이 가지고 있었다는 사실을 말이다.

그리고 한 번 더 살 수 있는 기회가 있다면 그렇게 안 살 거라는 각오를 다질 것이다.

하지만, 이미 늦었다.

그래서 우리는 행운이다.

지금 그렇게 살 수 있는 생각들을 할 수 있기 때문이다.
죽음 앞에 다다르기 전에 기회가 온 것이다.
꼭 거기까지 가서 노구를 이끌고 통곡을 하며 후회할 필요는 없다.
그래서 기대는 참회의 눈물을 흘리게 된다.
그리고 지혜에게 방법을 묻는다.
지혜가 주는 방법은 무엇일까?

9. 지혜는 기대를 안으며 말했습니다. "내 곁에 있어..."

지혜는 기대를 안는다.

그리고 말한다.

"내 곁에 있어."

무슨 뜻일까?

우리가 삶속에서 기대를 통제하기는 매우 어려운 일이다.

앞서서도 설명한 바와 같이 우리의 감각기관들은 우리를 현혹시킨다.

보고, 듣고, 맛보고, 만지고, 맡아보는 행위를 통해서 우리는 분별심이 생기게 되며, 그것으로 인해 좋고 나쁨이 생기고 당연히 기대가 따르게 된다.

그래서 살아있는 동안 그것을 완벽하게 통제하는 것은 매우 어려운 일이다.

하지만 지혜는 힌트를 준다.

그것은 바로 자신의 곁에 있으라는 말이다.

그렇다면 기대는 어떻게 될까?

그렇다.

기대는 곧 지혜로운 기대가 된다.

지혜로운 기대는 모든 감각기관들이 일으키는 대로 쫓아가면서 자신을 황폐화시키는 기대는 아닐 것이다.

그것은 세상에 대한 기대가 아니라 자신의 내면에서 일어나는 기대이다.

그것은 스스로 지혜롭고 현명한 사람이 되기 위해 노력하는 기대가 될 수도 있고, 스스로 자신을 절제하기 위해 노력하는 기대가 될 수도 있다.

그것은 바로 조련사가 호랑이에게 하는 기대로 바뀌는 것이다.

먹이 앞에서 침 흘리는 개처럼 세상을 향하여 침 흘리지 말고, 자신의 내면을 바라보는 것이다.

이것의 현실적인 방법 하나를 제시한다면, 그것은 조련사가 호랑이에게 감사를 기대하는 것이다.

그러면 호랑이는 자신의 삶속에서 비교의 대상을 찾아 자신을 황폐하게 만드는 것이 아니라 감사할 거리를 찾아 감사의 보석들을 찾아내게 될 것이다.

그러는 동안, 실망이 없어지고, 상처가 치유되고, 분노가 사라지고, 불행에서 벗어나게 될 것이다.

그리고 자신의 삶을 조련사의 삶으로 온전히 인식할 수 있게 될 수도 있다.

Self 심리상담

1. 당신에게서 욱이가 나왔던 때를 한번 떠올려보고
그 이유를 한번 적어보세요.

네, 아마 여러분은 욱이가 나왔을 때를 떠올리며 욱이가 나오게 된 이유에 대해서 생각하게 되었을 것입니다.

우리 마음속에서 욱이가 나올 때는 늘 욱이를 불러내게 되는 이유가 있습니다.

그것은 여러분도 짐작하신 것처럼 기대 때문입니다.

모든 사람들의 실망 바로 앞에는 기대가 있습니다.

즉, 기대가 실망을 낳고, 실망이 욱이를 불러내는 연쇄반응으로 우리의 감정의 알고리즘이 구성되어 있습니다.

즉, 기대면 넘어집니다.

이 동화에서 우리는 기대지 않고 홀로 서는 방법에 대해서 배워 나갈 것입니다.

2. 기대 때문에 실망이 컸던 때를 한번 떠올리고, 적어보세요.

이 답을 적어보면서 여러분은 모든 실망이 기대 때문이라는 사실을 더욱더 실감하게 되었을 것입니다.

여러 가지 상황에 대해서 더 떠올려보세요.

어떤 상황도, 다른 사람의 잘못이라기보다는 자신의 기대가 컸던 것을 상기하게 될 것입니다.

건물 앞에 들어서는데 앞에 가는 사람이 문을 잡아주어서 편하게 들어간 경험이 있을 것입니다.

당신은 가볍게 고마운 마음을 전할 것입니다.

왜 고마워할까요?

그것은 그가 당신을 위해 그렇게 문을 잡고 있을 이유가 없기 때문입니다.

즉, 당신은 그에게 아무런 기대도 하지 않았기 때문입니다.

정반대로, 당신이 막 유리문에 들어가려는데 앞 사람이 문을 잡아주지 않아서 문에 끼일 뻔 한 일이 있었다고 가정해봅시다.

당신은 몹시 화가 날 수도 있습니다.

왜 화가 났을까요?

당신은 당신도 모르는 사이에 그에게 기대했던 것입니다.

그 정도는 잡아주어야 한다고 말입니다.

하지만 똑같은 상황에서 기대하지 않았다면 어땠을까요?

당신은 미리 그 문이 닫힐 것에 대한 대비를 하고 있을 것이고 전혀 문제가 되지 않을 수도 있습니다.

이 두 가지 상황에 누구나 처할 수 있고 누구나 화가 나거나, 혹은 안 나거나 할 만한 충분한 이유가 있을 것이지만 아주 중요한 사실은 애초부터 화가 나게 될 수도 있고 화가 안나는 상황도 있을 수 있는데 과연 무엇이 당신에게 좋은가 하는 것입니다.

당신에게 좋은 것은 기대가 없는 그 상태라는 것을 현명한 당신은 알고 있을 것입니다.

3. 기대가 당신을 찾아와 괴롭히지 않게 할 방법이 있다면 어떤 것들이 있을까요?

    당신은 아마도 아주 훌륭한 당신만의 방법을 찾았을 것입니다.
    그리고 그 방법이 스스로 생각하기에도 좋은 방법이라고 생각한다면 그 방법을 잘 따르면 됩니다.
    하지만 만약 당신이 그 방법을 못 찾았거나 혹은 제가 제시하는 방법을 한번 해보고 싶다면 그렇게 하십시오.

    꼭 알아야 될 것은 누구의 아이디어인지가 중요한 것이 아니라 당신이 그것을 한다는 것, 그리고 그것이 당신의 방식이 된다는 것이 중요합니다.

    앞서 언급한 것처럼 기대는 늘 당신을 찾아 올 것입니다.
    그리고 당신은 그 기대 때문에 괴로움을 겪게 되겠지요.
    기대를 없애는 방법은 여러 가지가 있을 수 있습니다.
    하지만 여기서는 딱 한 가지의 직관적인 방법을 제시합니다.

    먼저 당신은 기대를 볼 수 있어야 합니다.
    물론 기대는 보이지 않죠.

하지만 당신의 기분이 우울하거나 별로 좋지 않다면 분명히 기대가 온 것이니, 기대를 느낄 수 있을 것입니다.

그것이 기대를 보는 것입니다.

그러면 바로 그때, 기대를 똑바로 쳐다보고(여기에 있는 개구리를 떠올리는 것도 좋은 방법입니다)

이렇게 말하세요.

"기대야, 가라."

4. 감동이는 어떻게 기대에게 넘어가지 않았을까요?

    이 동화의 감동이는 역시 다른 개구리들처럼 당신 마음속에 사는 존재입니다.
    감동이의 기본적인 특성은 '주제 파악'입니다.
    그는 자신의 주제를 잘 알고 있습니다.
    그리고 그 주제 파악의 저변에는 겸손이 있습니다.
    진정한 겸손이 자리 잡고 있기 때문에 누군가의 이간질에 넘어가지 않지요.
    기대가 감동이를 찾아와서 아무리 옆구리를 찔러도 감동이는 흔들리지 않습니다.
    여러분의 감동이를 깨우세요.

    감동이는 감동시키는 능력이 있는 존재가 아니라,
    감동하는 능력이 있는 존재입니다.
    감동하는 능력은 그냥 볼 때는 매우 유약한 능력 같지만,
    그 어떤 능력보다 뛰어난 능력을 가지고 있습니다.

    감동이를 불러낸다면 굳이 기대를 쫓을 필요가 없을지도 모릅니다.

5. 동화에서 지혜가 말해주기 전까지 기대는 왜 자신의 얼굴이 욕심쟁이로 변해 간다는 사실을 몰랐을까요?

모든 사람들은 자신의 얼굴을 직접 본 적이 한 번도 없습니다.
참으로 아이러니한 이야기입니다.
자신의 얼굴을 한 번도 볼 수 없다니요.
하지만 자신의 얼굴을 직접 본 사람은 과거에도, 현재에도, 그리고 미래에도 없을 것입니다.
오직 거울을 통해서만 자신을 볼 수 있게 됩니다.
그 전까지는 자신의 모습이 얼마나 바보 같은지 그리고 악마 같은지 자신은 알지 못합니다.

기대에게 유혹당하면 사람들은 자신의 모습을 잃어버립니다.
그리고 점점 이상하게 변해가면서도 그것을 깨닫지도 못합니다.

거울을 한번 보십시오.
거울을 보며 당신을 다듬듯이 당신의 마음을 다듬으십시오.
바로, 당신 주변의 사람들을 보면서 말입니다.
당신 주변의 사람들이 바로 당신 마음의 거울입니다.

그들이 불행하거나 나쁘게 보인다면 당신의 마음이 그런 겁니다.

그들이 행복하게 웃어준다면 당신의 마음이 그런 것입니다.

Chapter 5
걱정이의 전학

감동이네 반에 걱정이가 전학을 왔습니다.
걱정이는 걱정스러운 표정으로
자기 소개를 하고 맨 앞줄에 앉았습니다.

체육시간이 되어
밖에 나가라고 선생님이 말씀하시자
걱정이가 말했습니다.

"선생님, 체육시간에 밖에서 운동하다가
다치기라도 하면 어떡해요? 저는 교실에 있을래요.
지난번에도 제가 있던 학교에서
사고가 나서 많이 다쳤어요."

선생님은 좀 당황스러운 모습으로

"다른 개구리들은 모두 괜찮지?"

하고 물었습니다.

그러자 잘난이가 손을 들고 말했습니다.

"선생님, 걱정이 말이 일리가 있는 것 같아요.
저희도 지난번에 욱이가 다친 적이 있었잖아요.
저도 안 갈래요."

이번에는 짜증이가 손을 들고 일어섰습니다.

"선생님, 이렇게 누가 안 좋은 이야기를 하면
왠지 저도 짜증 나요. 저도 안 나갈래요."

당황한 선생님은 감동이를 불렀습니다.

"감동아, 어떻게 했으면 좋겠니?"

감동이가 말했습니다.

"선생님, 걱정이를 지혜 옆자리로 옮겨주세요."

선생님은 물었습니다.

"왜? 그러면 뭐가 달라지니?"

감동이가 말했습니다.

"걱정이가 옆에 있다가는 걱정 때문에
우리는 아무것도 못할 것 같아요.
하지만 걱정이가 지혜 옆에 있게 되면
지혜로운 걱정만 할 거 같아요."

선생님은 지혜를 보며 물었습니다.

"지혜야, 네 생각은 어떠니?"

지혜가 말했습니다.

"감동이 말이 맞아요.
걱정이는 미래를 예측하는 능력이 있어요.
혼자 두면 불안한 미래 때문에 아무것도 못 할 것 같지만 제 옆
에 있으면 뭐든지 지혜롭게 할 수 있게 할 거 같아요."

동화 따라 배워보기

1. 감동이네 반에 걱정이가 전학을 왔습니다.
걱정이는 걱정스런 표정으로 자기소개를 하고
맨 앞줄에 앉았습니다.

이번에는 걱정이가 전학을 왔다.

우리의 삶에서도 마찬가지이지만, 걱정은 원래 우리에게 있던 감정이 아니다.

어느 날 갑작스럽게 우리에게 찾아온다.

그런데 걱정이 찾아오면 우리의 삶은 예전의 삶과 다르게 된다.

그래서 걱정이는 전학을 오자 마자 맨 앞줄을 차지하고 앉는다.

이것 또한 매우 상징적인 이야기이다.

걱정이가 맨 앞에 있기 전에는 욱이나 짜증이가 있었다.

그래서 우리의 삶은 쉽게 짜증내거나 화냈었다.

하지만, 걱정이가 전학을 오자 이제 맨 앞줄은 걱정이가 차지하게 된다.

그렇다면, 걱정이는 과연 어떤 존재일까?

걱정이에 대해서 깊이 알아보기 위해서는 걱정이의 이름을 살짝 바꿔서 불러보는 것도 좋을 듯하다.

걱정이는 두려움이다.

두려움은 마음에서 일어나는 작용이다.

두려움의 원천은 무엇일까?

두려움의 가장 깊은 곳에는 무엇이 숨어 있을까?

참 어려운 질문이다.

그래서 두려움에 대해서 직접 알아보기 힘들다면, 두려움은 누구의 것인지를 알고 들어가 보는 것도 좋겠다.

두려움은 누구의 것일까?

앞장에서 살펴본 바와 같이 두려움은 호랑이의 것이다.

호랑이는 부족, 불만, 불안의 존재이다.

그래서 두려움은 매우 당연한 것이다.

호랑이는 부족을 두려워한다. 그리고 불편해 하고 그것이 늘 불만이고 그것 때문에 불안하다. 도대체 호랑이는 왜 이런 존재일 수밖에 없는 것일까?

그것은 당연하게도 호랑이는 몸의 수호신이다. 그의 미션은 몸을 지키는 것이다.

몸을 건강하게 지키기 위해서 그는 늘 노심초사이다.

그렇다면, 왜 그는 몸을 그토록 지키고 싶어 하는 것일까?

그것은 그는 몸과 함께 생겨났으며 몸이 다하면 사라져야 한다고 생각한다.

그러니까, 호랑이의 두려움의 원천은 죽음인 것이다.

호랑이는 이 죽음이 두렵다.

하지만 이 원천, 즉 죽음에 대한 두려움은 여러 가지로 우리에게 다가온다.

예를 들어 숙제를 못했다거나 비가 온다거나 혹은, 내일 발표를 앞두고 있다거나 하는 아주 사소한 일들은 사실 죽음과 관련이 없는 듯하다.

하지만, 몸의 수호신인 이 호랑이의 입장에서는 모두 일맥상통한 이야기이다.

호랑이는 몸의 수호자이자 정신적 존재이다.

게다가 호랑이는 인식의 객체로서 살아가는데 매우 익숙한 존재이다.

그러므로 다른 호랑이들의 마음에서 자신이 이상한 모습으로 비추어지는 것이 그에게는 매우 수치스러운 일이며, 개개별로는 그 일은 그에게 죽음과도 같은 일일 수 있다.

그러므로 그 죽음을 두려워하는 것이다.

다시 말해서, 그는 자신이 원하는 기대만큼 다른 호랑이들에게 인식되지 못하게 되면 좌절하고 실망하고 죽어간다.

그래서 인식의 객체로 살아가는 데 익숙한 호랑이들일수록 사실은 두려움에 사로잡히게 되고, 그로 인해 늘 괴로워하면서 살아간다.

현대사회는 이 고통을 더 가속화하고 있으며, 만약 당신이 대중들의 인기를 먹고 사는 사람들이라면 더욱이 그 괴로움은 더할 것이다.

2. 체육시간이 되어 밖에 나가라고
선생님이 말씀하시자 걱정이가 말했습니다.
"선생님. 체육시간에 밖에서 운동하다가,
다치기라도 하면 어떡해요?
저는 교실에 있을래요.
지난번에도 제가 있던 학교에서
사고가 나서 많이 다쳤어요."

걱정이의 걱정은 매우 논리적이고 근거가 있다.

그래서 그 근거들로 자신을 무장하고 이야기하기 때문에 그럴싸해 보인다.

하지만, 걱정이가 이야기 하는 논리는 뭔가 허점이 있다.

그것은 특수한 상황을 일반화 시키는 일반화의 모순이기도 하다.

이는 어떻게 보면 아무도 현혹당하기 어려워 보이고 다소 억지스러워 보이지만, 우리들의 심리에는 제대로 그 영향력을 행사할 수 있다.

왜냐하면, 조금 억지스러운 이야기라고 하더라도 우리는 그것이 만에 하나라도 일어난다면, 좋지 않기 때문에 피해야 한다는 다소 이상한 심리의 상태를 가지고 있기 마련이기 때문이다.

이와 같은 일은 현대사회에서 대중들에게도 적용된다.

'자라보고 놀란 가슴 솥뚜껑 보고 놀란다.'라는 말에도 있는 것처럼, 현대화 된 지금의 사회에까지 강력한 영향력을 가진 것을 보면, 우리의 호랑이들이 첨단기기들에 둘러싸여 마치 현대인인 것처럼 살아가지만,

실제로는 그냥 나약한 혹은 심약한 호랑이로서의 삶에 지나지 않는 삶을 살아간다는 것을 반증하는 것이라고도 보인다.

하여간, 이런 걱정이의 모순이 어떤 이유에서건 먹힐 수 있다는 것이 매우 이상한 일임과 동시에 이것은 불편한 일이다.

왜냐하면, 걱정이가 앞에 서서 자신의 논리를 전개 하게 되면, 우리에게는 많은 장애가 발생하게 된다.

이것은 일단 이 교실에서 심각한 문제들을 일으킨다.

이제부터 그 문제들에 대해서 알아보기로 하자.

3. 선생님은 좀 당황스러운 모습으로 "다른 개구리들은 모두 괜찮지?"하고 물었습니다.

선생님도 좀 당황했다.

그래서 다른 개구리들에게 묻는다. '다른 개구리들은 괜찮지?'라고 말이다.

선생님은 다른 개구리들이 따라 나서면, 걱정이의 논리도 무너질 것이라고 생각했을 것이다. 하지만, 이것은 그리 녹록한 일이 아니다.

이 개구리들은 서로 연대해 있다.

그도 그럴 것이 모든 개구리들이 모여 우리의 마음을 형성하고 있기 때문에, 한 마리 개구리의 부정적인 역할이 모든 개구리에게 영향을 미치는 것이다.

이것은 똥물의 효과와 같다.

똥물이 들어있는 통에 꿀물을 한 방울 떨어뜨린다고 해서 꿀물이 되지는 않지만, 꿀물이 들어있는 통에 똥물을 한 방울만 떨어뜨려도 아무도 그 물을 먹으려하지 않을 것이다.

이처럼, 똥물은 매우 강력한 힘을 가지고 있다.

그래서 선생님의 생각처럼 이 일은 쉽게 풀 수 없는 문제가 될 수도 있는 것이다.

4. 그러자 잘난이가 손을 들고 말했습니다.
"선생님, 걱정이 말이 일리가 있는 것 같아요.
저희도 지난번에 욱이가 다친 적이 있었잖아요.
저도 안 갈래요."

논리라면 둘째가라면 서러워할 잘난이가 먼저 나선다.

그리고 걱정이의 이야기에 한 표를 보탠다.

사실 잘난이는 잘난 척하면서 걱정이의 걱정을 일축할 수도 있다. 하지만, 걱정이의 걱정을 매우 그럴듯하게 동의할 뿐만 아니라, 근거까지 제시한다.

이것은 마음이 한데 묶여 있기 때문이다.

이것이 사람의 마음이다.

마치 동전의 앞뒷면처럼 뒤집으면 동의하는 논리를 만들어낼 수도 있고, 또 뒤집으면 반대하는 논리를 만들어 낼 수도 있다.

그냥 어느 편에 설 것이냐가 중요한 것이지 논리는 별로 중요하지도 않다.

잘난이는 걱정이 편에 섰다.

잘난이가 걱정이 편에 선 이유는 두 가지로 해석할 수 있다.

하나는, 잘난이 역시 한 마음 안에 살고 있는 형편이므로 걱정이의 걱정에 동화되었다고 볼 수도 있다.

또 다른 하나는, 잘난이는 원래부터 운동하는 것을 별로 안 좋아한다. 개구리들의 특징 중의 하나는 모두 하나같이 움직이는 것을 싫어한다는 것이다.

    이들은 모두 귀차니즘에 빠져있다.

    그래서 움직이는 것 자체를 즐겨하지 않는데, 걱정이가 선수를 쳐주었으니 얼마나 좋았을까?

> 5. 이번에는 짜증이가 손을 들고 일어섰습니다.
> "선생님, 이렇게 누가 안 좋은 이야기를 하면
> 왠지 저도 짜증나요.
> 저도 안 나갈래요."

이제 드디어 짜증이까지 가세했다.

짜증이가 가세했다는 것은 일이 점점 커진 것이다.

짜증이에서 욱이로 일이 확장되면 걷잡을 수 없게 된다.

그들이 일어나게 되면 감정은 이제 다소 혼란스러운 상태를 넘어가 불붙는 상태에 이르게 된다.

일단 불타게 되면, 꺼질 때까지 기다려야 된다.

물론 조련사가 강력한 힘으로 제압 할 수도 있지만, 어떤 경우는 조련사 역시 그냥 그것이 꺼지기를 기다리는 경우가 많다. 왜냐하면, 불은 한 번 붙어버리면 그것을 태울 때까지는 멈추지 않는 습성을 가지고 있다.

그리고 어차피 불붙어 버린 다음에는 그것을 꺼봐야 다시 쓸 수도 없는 상태에 이르기도 한다. 그래서 지금은 매우 중요한 상황이다.

우리들의 알아차림도 이 지점이 우리가 우리를 통제할 수 있는 지점이다. 이 지점을 통과해버리게 되면 우리는 이것들을 통제하기 매우 힘든 상태에 이를 수 있다.

6. 당황한 선생님은 감동이를 불렀습니다. "감동아, 어떻게 했으면 좋겠니?"

그래서 선생님은 황급히 감동이를 부른다.

"감동아, 어떻게 했으면 좋겠니?"

이것은 감동이에게 우리가 체육시간에 밖에 안나가는 게 좋겠니? 나가는 게 좋겠니?를 묻는 것이 아니다.

"걱정이가 지금 우리 교실을 장악했고, 거기에 잘난이가 그 논리를 인정해 버렸고, 이제 짜증이까지 나서서 짜증을 내기 시작했으니 조만간 우리 교실은 난리가 날 것 같은데 어떻게 했으면 좋겠니? 어떻게 해야 우리 교실이 혼란스럽지 않게 되겠니?"라고 묻는 것이다.

선생님이 조련사인데 감동이에게 묻는 것이 조금 이상해 보일 수도 있다. 하지만, 여기서는 이렇게 생각하는 것이 좋다.

조련사인 선생님이 자신 스스로 문제에 대한 답을 내어 놓는 대신에 감동이를 통해서 교실 스스로가 질서를 잡아 갈 수 있도록 배려해준 것이다.

7. 감동이가 말했습니다.
"선생님, 걱정이를 지혜 옆자리로 옮겨주세요."
선생님은 물었습니다.
"왜? 그러면 뭐가 달라지니?"

감동이가 말했습니다.
"걱정이가 옆에 있다가는 걱정 때문에 우리는 아무 것도 못할 것 같아요. 하지만 걱정이가 지혜 옆에 있게 되면 지혜로운 걱정만 할 거 같아요."

감동이는 망설임 없이 걱정이를 지혜 옆으로 옮기라고 말한다.

감동이는 자신에게 해결안이 없으며, 지혜가 해결안을 가지고 있다고 말하는 것이다.

선생님은 그래서 뭐가 달라지는지를 감동이에게 묻는다.

그러자 감동이가 잘 설명해 준다.

감동이의 설명에 따르면 걱정이 때문에 우리는 아무것도 못할 수도 있지만, 걱정이가 지혜 옆에 있게 되면 지혜로운 걱정만 하게 될 것이기 때문에 괜찮다는 말이다.

그동안 걱정의 원천은 호랑이의 것이었고, 그 걱정들로 인해서 아무것도 할 수 없게 될 것이기 때문에 우리는 모두 걱정이에 대해서 부정적인 생각만 해왔다. 하지만, 감동이는 그것이 아니라 걱정이의 원천이 호랑이의 것이었고, 그것은 죽음에 대한 것이지만 그것 자체도 걱정을 통해서 극복할 수 있는 여지를 열어주는 것이다.

다시 말해서 지혜로운 걱정이라는 이름을 붙이는 순간 걱정은 그냥 단순한 육체적인 걱정에 머무는 것이 아니라, 차원이 높아지는 생각으로 승화되는 것이다.

호랑이가 막연하게 가지고 있던 욱이를 지혜가 사용하게 되었던 것처럼, 그리고 기대를 지혜롭게 사용했던 것처럼, 이제 걱정이마저 지혜에 의해서 차원이 달라지는 것이다.

이것은 이분법적으로 구분되어 왔던 선악의 개념을 뛰어넘는 것이다.

내적 존재의 구분을 통해 분별심이 사라지고, 좋고 나쁨이 사라지고, 선과 악도 사라진다.

그저 나의 세계의 구분이 일어남으로 인해, 걱정이라고 하는 부정적인 요소가 이제 지혜를 통해 얼마나 긍정적으로 바뀌어 가는지 알아보도록 하자.

> 8. 선생님은 지혜를 보며 물었습니다.
> "지혜야. 네 생각은 어떠니?"
> 지혜가 말했습니다.
> "감동이 말이 맞아요.
> 걱정이는 미래를 예측하는 능력이 있어요.
> 혼자 두면 불안한 미래 때문에 아무것도 못할 것 같지만
> 제 옆에 있으면 뭐든지 지혜롭게 할 수 있게
> 할 거 같아요."

지혜는 이제 그것이 어떻게 바뀌는지를 선생님께 잘 설명해 드린다.

걱정이의 가장 큰 특징은 미래를 내다보는 능력이다.

하지만, 아이러니하게도 미래를 내다보는 능력 때문에 미래를 가볼 수도 없게 된다.

다시 말해서 걱정이는 미래를 내다보는 능력으로 자신이 걱정하는 미래에 가서 살아버린다. 그리고 그 걱정스러운 미래에 대한 확신 때문에, 움직이지도 못하는 불쌍한 신세의 자신을 만들어 내버린 것이다.

이 얼마나 아이러니한 이야기인가?

결국, 걱정이는 지금 이 순간에 머물지 못하고 자신이 걱정하는 미래에 갇혀버린 것이다.

하지만, 지혜 옆에 있게 되면 지혜로운 걱정만 하게 된다는 것이다.

이 내용을 이해하기 위해 우리는 빙판을 건너야 하는 상황을 한번 이야기해 보고자 한다.

당신은 한겨울에 꽁꽁 얼어버린 연못을 건너서 땔감을 가져와야 하는 상황이다.

하지만, 당신에게는 걱정이 있다.

그것은 빙판이 얼어서 건너다가 미끄러지면 다칠 것이라는 걱정이다.

하지만, 땔감을 가져오지 않는다면 당신은 추위에 고통을 받을 것이다.

그래서 당신은 위험을 무릅쓰고 빙판을 건너고 있다.

빙판에 한발 한발 내디딜 때마다 약간의 미끄러짐이 있지만, 조심 조심 당신은 그 빙판을 건넌다.

그리고 마침내 땔감을 가지고 무사히 집에 도착한다.

자, 이제 당신은 두 걱정이를 보았는가?

그렇다. 한 걱정이는 빙판에 넘어질까 두려워하는 걱정이었다.

이 걱정이는 당신의 몸뚱이를 묶어 집에 두었지만 이내 추위가 찾아오고 당신은 더더욱 걱정스러운 상황을 맞이하게 되었을 것이다.

하지만, 두 번째 걱정이는 어떠했는가?

한발 한발 내디디는 순간순간 조심하며 내딛게 하는 그, 그 역시 걱정이이다.

걱정이는 이처럼, 당신을 지금 이 순간 지켜주는 소중한 존재로서 작동하고 그 작동을 통해 당신은 성장을 느낄 수 있고, 또한 통찰을 가질 수도 있다.

두 번째 걱정이는 미래의 걱정에 자신을 가두지 않고, 지금 이 순간에 집중함으로써 미래를 만들어 가고 있다.

당신이 만나고 싶은 걱정이는 과연 누구인가?

Self 심리상담

1. 혹시 걱정 때문에 하지 못했던 일을 적어보고
느낌을 함께 적어보세요.

걱정은 다른 말로 두려움이라고 해도 될 것 같습니다.
걱정이는 늘 두려움에 떨고 있으니까요.
걱정이의 걱정은 여러분을 아무것도 할 수 없게 만들 것입니다.
여러분은 걱정 때문에 하지 못했던 일에 대해서 적어보면서 많은 후회를 할 수도 있고, 혹은 '참 바보 같았네, 후후' 하면서 웃을지도 모르지요.
하지만, 해보지 않으면 알 수 없는 일들도 많이 있습니다.

사실, 많은 겁쟁이들에게 어떤 사람은 이렇게 이야기하기도 합니다.
'도전해 보지 않는 것이 가장 큰 실패다.'라고

참 신기한 것은 걱정하는 마음이 커지면 당신의 능력과 관계없이 당신은 아무것도 할 수 없다는 것입니다.

집에 강도가 들었거나 갑작스럽게 당한 사고를 수습하는 과정에서 나오는 것처럼, 마치 잠을 자다가 가위에 눌린 것처럼, 손가락 하나도 꼼짝하지 못하게 만드는 능력을 걱정이가 가지고 있습니다.

이러한 심리적이고 정신적인 위축이 당신의 신체를 꼼짝 못하게 만들고, 당신의 삶을 망쳐버릴 수도 있습니다.

2. 걱정이가 활동하지 않게 하는 좋은 방법이 있다면, 어떤 것이 있을까요?

걱정은 어떤 때는 많은 근거를 가지고 나타날 때가 있습니다. 혹은 아무 근거도 없이 나타날 때도 있지요.

그리고 어떤 사고를 목격했다거나, 또는 자신이 그 일을 하게 될 때 당신을 매우 위축시키기도 합니다.

당신 마음속에서 걱정이가 작동하지 말아야 하는 순간은 걱정이가 쓸데 없는 걱정을 하는 순간입니다.

즉, 아무 근거도 없는 걱정을 할 때 그리고 그 걱정 때문에 당신이 아무것도 할 수 없이 무기력해질 때, 그때 걱정이의 걱정을 중단시키지 않는다면 당신의 미래에 매우 중요한 악영향을 미치게 될 테니까, 걱정이를 막아야 합니다.

당신이 생각하는 그 답이 정답입니다.
하지만, 아래의 답이 당신에게 도움이 된다면 그 답도 당신 것입니다.

걱정이에게 말을 거십시오.
뭐가 걱정이냐고?

왜 걱정이냐고?

그리고 그것을 하나씩 대화해 가면서 걱정이를 설득하십시오.

당신이 만약에 걱정이를 설득하지 못한다면, 당신은 그 근거를 이해하고 걱정이의 말에 귀 기울이고 새로운 해결안을 찾아야 할 수도 있습니다.

하지만, 걱정이의 걱정을 다 이해하고 당신이 그를 설득해야 한다고 생각한다면, 당신은 걱정이를 설득할 수 있을 것입니다.

당신이 걱정이를 설득하는 순간

걱정이는 용기로 바뀌게 되는 기적을 맞이하게 됩니다.

3. 걱정이가 당신 삶에서 긍정적으로 작용할 때가 있었나요? 그것을 적어보고, 그때의 걱정이에 대해서 느낌을 적어보세요.

당신은 아마도 이 페이지에 대답하면서, 걱정이가 나쁘지만은 않다는 사실을 알게 되었을 것입니다.

맞습니다.

걱정이가 하는 걱정은 단순히 나쁘다고만 할 수 없는 지혜로움이 있습니다.

가령 당신의 자녀를 걱정하는 것, 사랑하는 부모님이나 사람들을 걱정하는 것.

그것은 사랑이라고 불리기도 합니다.

걱정이는 당신의 삶에서 아주 중요한 부분을 차지합니다.

이 동화의 대부분의 개구리들이 이중성을 가지고 있지만, 아마도 제일 큰 이중성을 가진 개구리가 바로 걱정이일 것입니다.

당신이 이 이중성의 모호함으로부터 걱정이를 구분해 내고 싶다면, 당신의 걱정이를 사례별로 구분해 보고, 그 걱정이들의 변화를 관찰해서 이름을 바꿔 불러보세요.

예를 들어,
바보로 만드는 걱정이
용기로 변하는 걱정이
사고를 막아주는 걱정이
사랑을 전해주는 걱정이
등등

4. 걱정이가 미래를 내다보는 능력으로 당신을 구했을 때가 있나요? 그때가 있었다면 적어보고, 느낌을 적어보세요.

3번 답에도 있지만, 걱정이는 때때로 당신을 매우 위험한 순간으로부터 구해줄 때가 있습니다.

눈이 올 것을 걱정해서 넣어둔 스노우체인이 당신을 사고로부터 구해낼 수도 있고, 캠핑을 가며 혹시나 하는 걱정으로 챙긴 로프나 구명튜브가 당신이나 혹은 누군가의 생명을 구할 수도 있습니다.

이처럼 걱정이는 미래를 예측하고 대처하게 하는 매우 긍정적인 능력이 있습니다.

단지 당신이 이 걱정이의 능력을 긍정적으로 사용할 때에만 가능한 일입니다.

많은 사람들은 이 걱정이를 구분하지 못하기 때문에 이들을 어떻게 활용하거나, 꼼짝 못하게 만들거나 하는 방법에 대해서 잘 알지 못합니다.

걱정이를 제대로 사용한다면 당신은 새로운 미래를 맞이하게 될지도 모르겠군요.

5. 걱정이가 긍정적인 역할을 하게 하는 방법이 있다면, 어떤 것이 있을까요?

감동이는 선생님에게 걱정이를 지혜의 옆에 앉히라고 이야기합니다.
여러분은 눈치채셨겠지만, 그러면 걱정이는 어떤 걱정을 하게 될까요?

맞습니다.
지혜로운 걱정만 하게 됩니다.
당신이 3번을 진행하면서 변화하는 걱정이들을 구분했을 때 느꼈던 것처럼, 걱정이들은 매우 종류가 많습니다.
걱정이가 지혜 옆에 있게 될 때, 비로소 걱정이는 용기가 되기도 하고 사랑이 되기도 합니다.

그렇다면 걱정이를 지혜 옆에 앉히는 사람은 누구일까요?
그것은 바로 선생님입니다.

당신의 선생님, 즉 진정으로 당신을 관찰하고 이 개구리 교실을 관찰하는 이 진정한 당신이 눈을 뜨게 되면 이 동화 처방전의 이야기들이 유치해질 것입니다.

Chapter 6

잘난이의 역습

잘난이는 책을 많이 읽습니다.
그리고 반에서 가장 똑똑합니다.

어느 날 선생님이 반 개구리들에게
겸손함에 대해서 가르치고 있었습니다.
그리고 겸손함이란 무엇인지 물었습니다.

잘난이가 손을 들고 일어나 말했습니다.

"겸손함이란 남을 대할 때
자신을 낮추고 대하는 것을 말합니다."

선생님은 다시 물었습니다.

"겸손이 우리에게 주는 가장 큰 선물은 뭘까?"

잘난이가 또 나섰습니다.

"겸손하면 많은 사람이 좋아하죠.
그리고 겸손을 통해서 많은 것들이 생겨나죠."

선생님이 또 물었습니다.

"그럼, 그가 겸손한지 아닌지
우리가 어떻게 알 수 있을까?"

잘난이는 다시

"제가 나서지 않고 지혜가 나설 때가
겸손할 때예요."

선생님은 잘난이에게 물었습니다.

"어떻게 그렇게 잘 알면서
계속 네가 나서지?"

잘난이는 말했습니다.

"선생님이 지혜를 콕 집어서 물어보지 않으면
저는 선생님이 늘 저를 부르는 것 같아요."

동화 따라 배워보기

1. 잘난이는 책을 많이 읽습니다.
그리고 반에서 가장 똑똑합니다.

당신은 얼마나 많은 책을 읽었는가?

혹은 당신은 얼마나 많은 공부를 했는가?

책을 읽으면서 공부를 하면서 당신은 무엇을 배우게 되었는가?

당신이 아무리 많은 책을 읽어도, 아무리 많은 공부를 해도 우리의 지식은 스마트폰을 따라갈 수도 없을 것이다.

그렇다면, 모든 지식이 손바닥 안으로 들어온 이 시대에 계속해서 당신이 책을 읽고 공부를 해야 하는 이유는 무엇일까?

당신은 책을 읽으면서 당신이 알지 못했던 것들을 알아갔을 것이다.

그리고 공부를 하면서도 마찬가지일 것이다.

당신이 책을 읽고, 공부를 하면서 당신에게 그 지식이 오기 전에 당신이 마주한 것은 무엇이었을까?

그것은 바로 당신의 무지였을 것이다.

즉 당신은 당신의 무지로 인해 발전해 왔다는 사실이다.

만약 당신이 당신의 무지를 몰랐다면, 당신의 지식은 멈췄을 것이다.

하지만, 당신의 지식은 계속 늘어갔을 것이다.

그것은 당신이 스스로 계속해서 무지를 알아왔고, 그로 인해 당신은 발전을 거듭해온 것이다.

그런데 그 무지를 뚫고 당신에게 지식이 찾아오자 당신은 마치 원래부터 그것이 당신에게 있었던 것처럼, 그것의 주인처럼 행동하고 있는지도 모른다.

우리들은 평생 동안 다른 사람이 가르치는 것을 배워간다.

그리고 그 가르침이 끝나고 나면, 모두들 다른 사람들을 가르치기 위해 애쓴다.

그래서 세상에는 꼰대들이 넘쳐나는지도 모른다.

나이가 들었다고 꼰대가 아니라, 젊은 꼰대들도 많아졌다.

그것은 단순히 그런 꼰대들이 많아진 데 그치지 않는다.

저마다의 잘난이들이 서로를 상처 내는 동안 우리들은 그 상처가 어떻게 해서 생겨나는지도 모르고, 그것을 주고받기 때문이다.

잘난이는 그 반, 즉 당신의 안에서만 가장 똑똑하다.

2. 어느 날 선생님이 반 개구리들에게
겸손함에 대해서 가르치고 있었습니다.
그리고 겸손함이란 무엇인지 물었습니다.

선생님은 겸손함을 가르치고 싶어한다.
세상에서 제일 가르치기 힘든 것이 무엇일까?
그것은 겸손함일지도 모른다.
그것은 말로써, 논리로써는 가르치기 힘들기 때문이다.
세상에 존경받는 인물로 잘 알려진 어떤 분이 입버릇처럼 하시는 말씀이 있다.
그것은
"겸손만 배우면 모든 것을 배울 수 있습니다."
그런데, 그렇게 겸손함을 강조하는 그가 제자들에게 위의 말과 함께 하는 말은
"그런데, 왜 여러분은 겸손이 없습니까?"이다.

있다고 하면 없어지고, 없다고 하면 있는 것처럼 보이는 것, 그것이 무엇일까?
그것은 바로 겸손이다.
나는 강의 중에 사람들에게 이렇게 이야기하곤 한다.
"저는 특기가 겸손함입니다. 저는 태어날 때부터 겸손함을 타고 태어났습니다. 저는 사는 동안 저처럼 겸손한 사람을 본 적이 없습니다."

이렇게 이야기를 꺼내면, 어떤 사람들은 웃어넘기고 어떤 사람들은 불편해 한다.

나는 이런 질문을 더한다.

"제가 겸손하게 보이죠?"

그러면 사람들은 손사래를 친다.

나는 다시 그들에게 묻는다.

"아니, 저희 집에 수영장이 7개나 있다고 하면 사람들이 감탄하면서 믿는데, 왜 제가 겸손이 있다고 하면 아무도 안 믿을까요?"

사람들은 고개를 갸우뚱거린다.

이상한 일이 아닌가?

자신이 있다고 하면 있기 때문에 있다고 할 것인데, 왜 사람들은 있다고 하는 것들 중에 물질들은 확인을 안 하고도 믿으면서, 겸손에 대해서는 이처럼 모순적인 반응을 보이는 것일까?

혹시 겸손은 볼 수 있는 것이 아니라, 느껴야만이 믿을 수 있는 것이기 때문일까?

그렇다면, 그래서 겸손이 그토록 가르치기 힘든 것인가?

그래서 지금 선생님은 겸손을 가르치려고 하고 있다.

> 3. 잘난이가 손을 들고 일어나 말했습니다.
> "겸손함이란 남을 대할 때
> 자신을 낮추고 대하는 것을 말합니다."

선생님의 질문에 잘난이는 망설임 없이 손을 들고 이야기한다.

'남을 대할 때 자신을 낮추고 대하는 것'이란다.

얼마나 정확한 표현인가?

그런데 이런 의문이 든다.

자신을 남에게 낮추는 것이 겸손이라면, 갑에게 머리를 조아리는 '을'을 보면서 우리는 왜 겸손이라는 단어 대신에 비굴이라는 단어를 더 빨리 떠올리게 되는 것일까?

선생님에게 학생이 자신을 낮추는 것에 겸손이라는 단어보다 예의라는 단어를 먼저 떠올리는 이유는 무엇일까?

그렇다면 과연 겸손은 무엇일까?

우리는 어떤 사람을 보면서 겸손하다고 말할까?

아마도 사회적으로 높은 위치에 있는 사람이 자신보다 낮은 위치의 사람에게 자신을 낮추는 모습을 보면, 우리는 '참 겸손하다.'라는 생각을 떠올리게 될 것이다.

그렇다면, 왜 그것이 겸손하다고 우리는 느끼게 될까?

그는 과연 그에게 어떤 감정을 표현하고 있는 것일까?

어떤 회장님이 건물에서 청소하시는 아주머니에게 고개를 숙여 인사하고 감사의 뜻을 전했다면, 우리는 그 회장님에게 "참 겸손하신 분이다."할 것이다.

그렇다면, 그 회장님이 그 청소 아주머니를 잘 아는 사이였을까?

그래서 그 인품에 대해서 경의를 표한 것일까?

자신이 이용하는 화장실을 대신 청소해 준 것에 대해서 존경을 표했다면, 누군가는 이렇게 이야기할 것이다.

"그렇다면, 자신이 이용하지 않는 화장실을 청소하면, 경의를 표하지 말아야 하나요?"

만약, 그 회장님이 자신이 하는 모든 일에 최선을 다하는 사람에게 존경을 표해야 한다는 신념이 있었다고 한다면, 누군가는 또 이렇게 이야기할 것이다.

"그렇다면, 자신이 하는 일에 최선을 다하지 않는 사람에게는 겸손할 이유가 없는 것인가요?"

겸손이 어떤 조건에 만족한 사람에게만 어떤 조건을 갖춘 사람이 하는 것이라면, 위와 같은 모순을 만나게 될 것이다.

사실, 겸손은 자신의 호랑이가 조련사와 함께 세상을 살아가는 모습이다.

그래서 누가 보지 않거나 보거나 관계없이 조련사에 대한 존경의 마음을 담아 세상을 대하는 것이다. 그래서 그가 누구이거나 상관없이 상대에 대하여 경의의 마음으로 대할 수 있게 되는 것이다.

그리고 그것을 말로 표현하게 되면, 정확히 잘난이의 말과 일치한다.

4. 선생님은 다시 물었습니다.
"겸손이 우리에게 주는 가장 큰 선물은 뭘까?"
잘난이가 또 나섰습니다.
"겸손하면 많은 남들이 좋아하죠. 그리고 겸손을 통해서
많은 것들이 생겨나죠."

선생님은 다시 묻는다.

왜 겸손해야 하는지를 말이다.

잘난이가 이야기한다.

겸손하면 많은 남들이 좋아한다고 말이다.

하지만, 잘난이가 간과한 것이 하나 있다.

진정으로 겸손한 사람은 누구도 남들의 존경을 받고자 겸손하지는 않는다.

그들은 어떤 대가를 바라고 겸손을 미덕으로 삼지 않는다.

만약 그런 대가를 바라고 겸손을 추구한다면, 그것은 겸손이 아니다.

겸손한 것처럼 보일지도 모르고, 그것을 겸손으로 믿고 살아갈지도 모르지만, 그것을 진정한 겸손이라고 할 수 없다. 왜냐하면, 조련사는 세상에서 주는 어떤 혜택을 바라고 겸손할 이유가 없기 때문이다.

언젠가, 이름만 대도 다 알 법한 유명하신 몇 분이 골프 회동을 하시면서 나를 초대했다.

나는 나이도 한참 어리고 그분들의 초대에 그저 황송할 따름이었다.

골프 회동 내내 그분들의 이야기를 귀담아 듣느라고 나는 별 말을 하

지 않았다.

운동이 끝나고, 그분들 중의 한 분이 나에게 오늘의 회동을 정리해서 말해달라고 하는 것이다.

나는 이와 같이 말했다.

"오늘은 복이 들어오는 문에 대해서 이야기 했습니다."

그러자 세 분이 놀라면서

"우리가 그런 이야기를 했어요?"

라고 물었다.

나는 웃으면서 "네."라고 대답하고 이야기를 이어갔다.

"세 분은 내내 복이 들어오는 문에 대해서 이야기를 나누셨고, 저는 배웠습니다. 복이 들어오는 문이 있는데, 그 문은 안에서 빗장이 채워져 있고 그 빗장을 열고 문을 여는 두 존재가 있는데 그 이름이 하나는 겸손이고, 하나는 감사라는 이야기를 세 분께서 운동하는 내내 나누셨습니다."

세 분은 매우 흡족한 웃음을 웃어주셨다.

정말 그랬다.

사회적으로 존경받고 성공하신 세 분은 모두 겸손과 감사라는 두 가지 덕목으로 자신들이 얼마나 복 받은 삶을 살고 있는지를 이야기하고 계셨다.

그러니까 결과적으로 잘난이의 말은 맞다.

다만 그것을 목적으로 하지 않아야 한다.

물론 그것을 목적으로 해도 맞을 때가 많다. 하지만, 그런 경우 우리의 삶은 위태롭다.

왜냐하면, 무엇이 중요한지 모르고 살아가게 될 것이기 때문이다.

진정으로 중요한 것은 어떤 복을 받을 것이냐가 아니라, 어떤 복을 지을 것이냐이기 때문이다.

복은 자신이 만드는 것이기에 세상으로부터 받아야 하는 사람에게는 매우 낯설 수 있다.

하지만, 그 원리를 깨닫지 못하면 늘 타인의 인식 속에서 주변인으로서의 삶만을 살다가 세월을 낭비할지도 모른다.

5. 선생님이 또 물었습니다.
"그럼 그가 겸손한지 아닌지 어떻게 우리가 알 수 있을까?"

 사실 이 질문은 조련사로서 하는 질문은 아니다. 더 정확히 말하자면, 조련사로서 상대에게 하는 질문은 아니라는 말이다.
 하지만 선생님은 조련사이고, 잘난이는 호랑이이기 때문에 호랑이에게 하는 질문으로는 매우 적당한 질문이 된다.
 우리는 흔히 모여서 누군가를 평가한다.
 그리고 그 중요한 평가 도구 중의 하나는 바로 겸손함이다.
 누가 더 겸손하고, 누가 덜 겸손한지, 그는 왜 겸손함이 없는지 등에 대한 이야기를 나누게 된다.
 하지만 얼마나 안타까운 일인가?
 우리는 남의 이야기를 좋아하지만 정작 자신의 모습은 알지 못하고 다듬지도 못한다.
 중요한 것은 타인의 삶이 아니라, 나 자신의 삶이 아닌가?
 타인의 이야기에 길들여진 많은 사람들은 타인을 주인공으로, 그리고 자신을 엑스트라로 전락시키는 삶을 살아간다.
 그것은 정말로 중요한 것이 아니다.
 그가 겸손한지 아닌지가 왜 중요한가?
 자신이 겸손하기 위해 노력해야 한다.
 사람들이 겸손하다고 일컬어지는 어떤 사람도 스스로를 겸손하다고 이야기 하지 않는다. 왜일까?

겸손에는 만족이 없다.
끝이 없다.
그렇기 때문에 끝없이 겸손할 수 있다.
선생님은 지금 잘난이에게 묻고 있다.

6. 잘난이는 다시
"제가 나서지 않고 지혜가 나설 때가 겸손할 때예요."

잘난이는 대답한다.

자신이 나서지 않고 지혜가 나설 때가 진짜 겸손이라고 말이다.

잘난이가 아는 것은 정말 맞다.

하지만, 진정으로 아는 것은 아니다.

우리는 인간으로서 갖추어야 할 도리 같은 것들을 지식으로 배운다.

도덕으로, 윤리로써 배우고 시험을 본다.

왜 그래야 하는지를 느낌으로써 배우는 것이 아니라, 글로서 배운다.

부모님께 진정으로 사랑받은 어떤 사람도 쉽게 남을 해치지 않는다.

그것은 부모님께 글로서 사람들을 대하는 방법을 배운 것이 아니지만, 그렇게 한다.

그것은 왜 그럴까?

이유는 매우 간단하다.

한 인간으로서 충분히 인간다운 사랑을 느끼게 되면, 인간다운 성품을 갖게 되는 것이다. 하지만 그 기회를 잃어버리면 우리에게는 난해한 문제가 생기게 된다.

그것은 그것을 제대로 배우지 못한 사람들에게 그것을 알려줄 방법이 지식밖에 없다고 느끼게 되는 것이다.

그리고 그것을 지식으로 전달하고 사회적 규범으로 포장하지만, 거기에는 한계가 있다. 이것은 마치 촘촘하게 만들어진 그물이 잡아 올리지 말아야 할 불가사리를 잡아 올리는 것과 같다.

　　잘난이는 다 알고 있다.

　　시험을 봤으면 100점을 받았을 것이다.

　　하지만, 잘난이는 늘 나선다. 그것이 잘난이이다.

　　잘난이에게는 그것이 최선이다.

7. 선생님은 잘난이에게 물었습니다.
"어떻게 그렇게 잘 알면서 계속 네가 나서지?"

이제 선생님은 잘난이 스스로 드러낸 모순에 쐐기를 박는다.
너는 지식적으로는 완벽하구나.
그런데 왜, 그 지식대로 살지는 못하는 것이지?
라고 말이다.
우리의 지식은 이미 포화 상태이다.
지식을 이제는 더 이상 머릿속에 넣을 필요도 없다.
왜냐하면, 스마트폰 안에 모든 지식이 들어있고, 우리는 그것을 언제든지 필요할 때 꺼내어 쓰면 된다.
이제 우리의 시대는 자신들의 행위를 스마트폰에 물어가면서 선택해야 하는 지경에 이르고 있다.
이런 때는 어떻게 하고, 저런 때는 어떻게 해야 하는지 말이다.
인간의 말살은 이렇게 일어나고 있는지도 모른다.
오래전 지식은 상류층의 전유물이었다가 근대의 지식은 노력하는 자의 전유물이 되었고, 이제는 지식은 더 이상 담아둘 필요가 없는 대상이 되었다.
하지만 우리가 놓치고 있는 것 한 가지는, 우리는 원래 지식의 생산자였다는 사실이다.
우리가 가지고 있던 모든 지식은 우리의 사유를 통해서 생산되어 온 것들이다.

그리고 지금도 만들어지고 있는 새로운 지식 역시 지금까지의 지식을 밟고 디뎌 올라가 새롭게 만들어지고 있으며, 그것 역시 우리의 사유를 통해서 이루어지고 있다는 사실을 간과해서는 안 된다.

그 사유를 통한 새로운 지식의 탄생에 가장 중요한 역할이 바로, 깨달음이다.

그 깨달음에 이르는 데 가장 중요한 역할을 하는 것이 지금까지의 지식, 나쁜 말로는 편견이며, 그것을 깨는데 사용되어지는 도구가 두 개 있는데 하나는 모순의 발견이고, 또 하나는 모순을 깨는 질문이다.

이 두 가지를 가지고 우리는 발전할 수 있으며, 이제 지식의 홍수의 시대를 살아가는 우리들에게 경쟁력은 바로 스스로 자신의 모순을 발견하는 능력과 스스로 그 모순을 깨기 위한 성찰의 질문인 것이다.

다른 사람을 비판하고 비난하고 핍박하는 대신에 자신의 거울을 똑바로 쳐다보며, 자신만 못 보는 자신의 진정한 모습을 보아야 한다.

그것이 바로 이 선생님의 질문이다.

8. 잘난이는 말했습니다.
"선생님이 지혜를 콕 집어서 물어보지 않으면 저는 선생님이 늘 저를 부르는 것 같아요."

잘난이가 드디어 말한다.

왜 이런 일들이 생겼는지 말이다.

지금 잘난이에게 일어난 착각은 우리의 삶 속에서 매번 일어나고 있다.

내 안의 개구리들 중에서 누가 나를 대변할 것인가?

늘 우리는 그 알아차림이 필요하다. 잠시만 한눈을 팔아도 이 교실은 욱이, 짜증이, 잘난이들에게 자리를 빼앗기고 만다.

그들은 그저 감정 덩어리들에 불과하다.

유명한 정신과 의사의 강연 중에 이런 내용이 있었다.

"자신의 존재를 알아야 합니다. 자신의 존재는 자신의 느낌이고 감정입니다."

참 안타까운 이야기이다.

이런 생각을 아무나 해도 그것은 그의 몫이기 때문에 상관할 바가 아니다.

하지만, 사회적으로 유명한 정신과 의사가 이와 같이 말한다면, 그것은 다른 이야기이다.

어떻게 나의 존재가 나의 느낌이나 감정인가?

그러면, 나의 존재는 매번 느끼는 대로 변하고 감정에 따라 요동쳐야 하는가?

그것을 어떻게 진짜 나라고 인식할 수 있는가?

우리는 이처럼 잘난이들이 주도하는 세상에 살고 있다.

그래서 나는 말한다.

철저히 의심하라고, 지금 내가 하는 말도 마찬가지이다.

어떤 이들은 종교를 맹신한다.

그도 그럴 것이 그렇게 배웠으니 어찌하겠는가?

나는 그들에게 묻는다.

"종교가 당신에게 어떤 의미입니까?"

그들은 이야기한다.

"매우 중요한 의미지요. 인생에 있어서 최고로 중요한 의미요."

나는 다시 묻는다.

"당신은 냉장고를 사러 매장에 갔는데 냉장고가 좀 의심스러운 부분이 있는데 그냥 사오실까요? 아니면 꼬치꼬치 따져보고 사실까요?"

그는 당연한 듯이 이야기한다.

"당연히 따져봐야죠."

나는 그에게 이야기한다.

"왜요? 그냥 그 회사를 믿고, 점원 말을 믿고 그냥 사시면 안 되나요?"

그는 당황한 듯 말한다.

"아니, 그게 돈이 얼만데 말만 믿고 사요?"

나는 그에게 묻는다.

"그러면, 당신의 인생이 달린 중요한 문제인 종교에 대해서 왜 의심하지 않나요?"

17세의 고등학생 청년이 있었다. 이 청년은 아주 얄팍한 생각을 한다. 일본어 공부를 하고 싶었던 이 청년은 교회에 다니는 할머니가 방언이 터져 중국어를 하게 된 것을 목격하면서 기도를 열심히 하면, 일본어 공부를 하지 않아도 일본어를 할 수 있지 않을까 하는 생각이 일었다.

참 얄팍한 생각이지만, 그냥 그럴 법한 생각이라고 이해해주자.

그는 엄마를 따라 기도원에 갔다가 신비한 체험을 한다. 그것은 그에게 신통한 능력을 주었고, 그에게는 비상한 능력이 생겼다.

그가 만지면 사람들이 병이 나았고 방언과 예언을 할 수 있게 되었다.

순식간에 전국에 80여 개의 교회가 생겼고, 그를 찾아와 제자가 된 사람들이 늘어났다.

그는 1969년 세상이 종말할 것이라고 예언했으나, 아시다시피 세상은 아직도 존재하니 그는 교회를 해체하고 미국으로 떠난다. 아이러니하게도 사업으로 크게 성공도 한다.

그의 믿음은 나름 순수했을 것으로 여겨진다.

차량에 폭탄을 싣고 자살폭탄테러를 저지르는 자들의 믿음만큼 큰 믿음은 또 어디에 있으랴?

하지만, 자신의 믿음이 진리일까?

세상에서 가장 의심스러운 것이 바로 자신의 믿음이다.

그 고등학생도 마찬가지였을 것이다.

그가 그 믿음을 의심했다면, 지금의 신천지도 없었을 것이다. 그 당시 그를 찾아와 제자가 된 40대가 바로 이만희였다.

잘난이는 자신의 믿음에 도취되어 자신의 삶은 물론이고 타인의 삶마저 훼방한다.

선생님은 조근조근 질문으로 잘난이의 논리를 깨부숴나간다.

여러분이 여러분 내면의 문제에 접근하는 방식도 이와 같아야 한다.

깨어난 조련사로서, 하나씩 하나씩 깨부수는 동안 지식이 지혜로 변해갈 것이다.

Self 심리상담

1. 당신에게서 잘난이가 나올 때를 적어보고
그 느낌도 함께 적어보세요.

누구나 자신의 존재의 가치를 다른 사람들에게서 확인 받고 싶어 합니다.

그리고 자신이 다른 사람보다 더 많이 알고 있다고 생각할수록 그 뿌듯함은 더해지겠지요.

하지만,

이상하게도 자신이 남을 이겼다고 생각했을 때, 과연 그들이 진정으로 당신을 자신보다 더 훌륭한 존재로서 인식할까요?

아마도,

대부분의 경우 정반대일 것입니다.

당신이 가진 지식이나 재능을 가지고 다른 사람들에게 돋보이려 하면 할수록 당신을 향한 그들의 반감은 커져가고, 당신의 기분 역시 처음에는 우쭐하다가 차츰 그리 유쾌하게 되지 않을 가능성이 매우 높습니다.

왜냐하면, 당신은 그들의 마음을 느낄 수 있기 때문입니다.

혹은 그들의 마음을 느끼지 못했다고 하더라도

그들은 당신에게 다른 방식으로 공격을 해올지도 모르기 때문입니다.

2. 잘난이가 안다는 것은 과연 진짜 아는 것일까요? 당신의 견해를 적어보세요.

우리는 흔히 진짜 안다는 것에 대한 답을 잘못 이해하고 있을 때가 많습니다.

이 동화에서 선생님은 잘난이에게 겸손을 물었습니다.

잘난이는 모든 것을 알고 있었습니다.

하지만 당신이 느낀 것처럼, 잘난이는 겸손에 대해서 머리로만 알지 진정 가슴으로는 알지 못하고 있었습니다.

요즘말로 해서 운동을 책으로 배운 격이지요.

우리의 삶을 한번 돌아봅시다.

그리고 당신의 지식을 한번 돌아보세요.

당신이 진정으로 아는 것이 있는지 말입니다.

아마도 당신은 3번의 거듭된 질문에 대부분 어떤 답도 내놓지 못한다는 사실을 알게 될 것입니다.

그러면, 진정으로 당신이 아는 것은 무엇입니까?

그래서 소크라테스가 이야기합니다.

"진정으로 안다는 것은 내가 모른다는 것을 안다는 것이다."

3. 잘난이가 반장이 된 사람을 만났을 때, 당신의 기분을 적어보세요.

당신은 아마도 이 페이지에 대한 답을 적으면서, 기분이 조금 불편했을 수 있습니다.

아주 오래된 일을 떠올렸을 수도 있고, 엊그제 일어난 일을 떠올렸을 수도 있습니다.

그것이 언제 일어났는지와는 관계도 없이 아마 당신은 기분이 별로 좋지 않았을 것입니다.

이것은 우리의 정신적 능력이 얼마나 뛰어난지를 반증하고 있습니다.

우리의 육체는 시공간으로부터 자유롭지 못하지만, 우리의 정신은 매우 자유롭고 상상력은 언제라도 우주를 뛰쳐나갈 수 있다는 사실도 말입니다.

하지만, 재미있는 사실 두 가지가 있습니다.

하나는 그의 의도와 관계없이 당신은 그의 잘난이가 까불었다고 생각한다는 것입니다.

이것은 그의 의도와 관계없이 당신은 그의 잘난이 때문에 기분 나쁘지 않을 수도 있다는 반증이 되기도 합니다.

오직 당신이 그의 잘난이를 보았을 때만 그의 잘난이가 보이게 되고 그의 잘난이를 보았을 때만 기분이 나쁘다는 겁니다.

참 재미있지요? 그의 잘난이를 본 것이 바로 당신의 잘난이입니다.

그러니까 당신을 불행하게 하는 것은 그의 잘난이가 아니라, 바로 당신의 잘난이입니다.

둘째는

당신도 얼마든지 당신의 잘난이로서 당신 주변의 사람들을 괴롭힐 수 있다는 사실입니다.

4. 잘난이가 까불지 않게 하는 방법이 있다면 어떤 것이 있을까요?

잘난이 역시, 다른 개구리들과 마찬가지로 아무 때나 까붑니다.
특히 잘난이는 당신의 마음속에서 아주 근본적으로 작동합니다.
왜냐하면, 당신은 좋은 존재가 되고 싶어 하기 때문입니다.
좋은 존재는 다른 사람들에게 좋은 존재로서 인식되면, 좋은 존재가 되었다고 착각하는 경향이 뚜렷하기 때문입니다.
그래서 당신이 남들과 다른 재능이 있거나 혹은, 남들이 모르는 지식을 알았거나 하는 경우라면 당신의 잘난이는 당신의 존재 가치를 높이기 위해 망설이지 않고 손을 들고 교실 앞으로 뛰어나가게 됩니다.
하지만 앞서서도 언급했듯이 바보 같은 짓입니다.

당신은 당신의 잘난이에게 말해야 합니다.
'너의 재능은 남들을 행복하기 위해 있는 거란다.
너의 지식 정도는 스마트폰도 가지고 있지.'
라고 말입니다.

5. 동화에서처럼, 선생님이 지혜를 콕 찍어서 대답하게 하려면 어떻게 해야 할까요

잘난이의 특징 중의 하나는 외부나 혹은, 내부에서 일어나는 모든 행위의 대표자가 자신이라고 생각하는 경향이 있습니다.

그러니까 좀 쉽게 말하자면, 이 개구리 교실의 반장이 자신이라고 착각하고 있다는 것입니다.

그래서 무슨 일이 생기기만 하면 자신이 나서야 한다고 생각하는 것입니다.

선생님은 잘난이를 예의 주시해야 합니다.
잘난이의 등장은 다른 사람들에게 불편을 주어서가 아닙니다.
잘난이의 잦은 등장은 결국 주변과의 소통을 방해하고
스스로를 고립시키게 되기 때문에 스스로 자신을 불행하게 만듭니다.
자신이 행복해지기 위해 잘난이를 잘 감시하라는 것입니다.

(혹시 이 "chapter 2 반장 선거"를 하지 않으신 분이나, 이 워크북이 이해하기 조금 어려운 분들은 "chapter 2 반장 선거"를 꼭 한번 다시 보시기 바랍니다.)

Chapter 7
주인 노릇하는 멋쟁이

감동이네 반에 잘난이 사촌인
멋쟁이가 놀러왔습니다.

멋쟁이는 너무 멋있어서 감동이네 반 친구들은
멋쟁이를 좋아하고 따르기 시작했습니다.

체육시간이 되어서
선생님이 체육복을 갈아입고 나오라고 했지만
체육복을 입은 것은 지혜와 감동이밖에 없었습니다.

선생님은 화가 나서 개구리들에게
어떻게 된 일이냐고 물었습니다.
짜증이가 말했습니다.

"선생님, 멋쟁이를 좀 보세요.
우리 반도 저렇게 멋있는 옷을 입고
체육을 해야 한다고 생각합니다."

"반장이 왜 다른 개구리들을 잘 이끌지 못했느냐."

라고 선생님이 지혜에게 물었습니다.
지혜는 대답했습니다.

"선생님, 바깥에서 들어온 것들은
모두 주인이 되고 싶어 해요."

선생님은 지혜에게 다시 물었습니다.
"그게 무슨 소리니?" 지혜는 말을 이어갔습니다.

"지난번에도 옆 반에 욕심이가 들어오니까
우리 반 모든 개구리가 욕심쟁이가 되었지요."

"이번에는 멋쟁이가 들어오니까
모두 멋쟁이가 되어버려요.
마치 멋쟁이가 주인이 된 것처럼요."

선생님은 고개를 끄덕이며 말했습니다.

"그럼 바깥에서 온 것들이
주인 노릇을 못 하게 하려면
어떻게 해야 할까?"

지혜가 대답했습니다.

"그건 좀 어려운 문제예요.
하지만 방법이 있다면
교실에 아예 들어오지 못하게 하는 거예요."

"그리고 만약에 들어왔다면
선생님께서 엄하게 꾸짖어서
제멋대로 돌아다니지 못하게 해야 해요.
그것들은 부르지도 않았는데
찾아와서 주인 행세를 하기도 하거든요."

동화 따라 배워보기

1. 감동이네 반에 잘난이 사촌인 멋쟁이가 놀러왔습니다.

이번에는 감동이네 반에 잘난이 사촌인 멋쟁이가 놀러왔다.

멋쟁이가 잘난이 사촌이라니, 뭔가 또 새로운 일을 치를 것 같다는 예감이 들 것이다.

잘난이가 단순히 지식을 뽐내는 감정이라면, 멋쟁이는 조금 다르다.

멋쟁이는 단순히 우리의 감정이 아니라, 우리의 감정이 결탁해서 만들어내는 아주 이상한 것들이다.

그러니까, 원래부터 있던 것이 아니라 보고 듣고 느끼는 것들을 통해서 나의 감정을 호도하고 현혹시키는 것, 그것이 멋쟁이의 실체이다.

당신이 차를 갖고 싶은데 어느 날 멋진 차를 보고 나서 하루 종일 그 차가 눈앞에 아른거릴 수 있다.

당신은 그 차의 주인도 아니고, 아무것도 아니다. 그냥 그 차를 한번 바라봤을 뿐인데 왜 당신은 하루 종일 그 차에 사로잡혀서 괴로워 하는가?

당신은 아마도 그것이 괴로움이 아니라고 항변할지도 모른다.

하지만, 그것이 괴로움이다.

자신의 욕망에 끄달려 그것을 이루고 싶어서 안달이 나서 온통 신경이 그쪽으로 가버린 상황, 그것을 괴로움이라고 표현한다.

당신은 그것을 설레임으로 표현하고 싶을지도 모른다. 혹은 열정이나 목표라고 이야기하고 싶을 것이다.

하지만, 이것이 현대를 살아가는 사람들의 치명적인 병이며 이 병을 치유하는 것은 날이 갈수록 어려워진다.

왜냐하면, 아무리 좋은 차를 타고 있어도 더 좋은 차는 매년 나올 것이고, 그럴 때마다 당신은 그것을 갖기 위해 노력해야 한다. 비단 그것이 차가 아니라도 똑같다.

늘 자신을 궁핍속에 몰아넣고 마셔도 마셔도 목마른 갈증에 시달리도록 만들어 버린 물질만능주의 속에서, 우리는 벗어나야 한다는 생각조차 잠식당한 채 그것을 설레임이나 열정이라고 이름 붙이고 또 서로를 속이고 있다.

하지만, 냉정히 생각해 보아야 한다.

나를 진정으로 행복하게 한 것은 무엇이었을까?

진정한 행복은 무엇일까? 말이다.

나는 수많은 사람들에게 행복했던 순간을 물어왔다.

사람들, 특히 나이가 든 사람일수록 사람들의 행복은 관계를 통해서 찾아온다고 말했다.

그러니까, 사람들이 이야기하는 진정한 행복은 물질에 있는 것이 아니라 관계에 있었고 물론 좋은 관계에 있었다.

그것을 그냥 한 문장으로 표현하면, '사랑할 때 행복했다.'이다.

모든 사람은 사랑할 때 행복했다.

아직 그 경험이 없는 사람이라면 둘 중 하나이다.

하나는 아직 그 경험이 없든지,

아니면, 그것을 기억하지 못하든지이다.

만약 전자라면 좀 위험하다.

어린 시절은 누구나 사랑받아야 한다. 그래야 자아가 생긴다.

(여기에 대해서 자세히 알고 싶은 독자가 있다면, "니 마음대로 사세요"를 읽어보기를 추천한다.)

그런데, 사랑한다는 것은 사랑을 받을 때가 있고, 줄 때가 있다.

물론 둘 다 참 행복하다.

하지만, 둘 중 하나만 고른다면 어느 때일까?

참 어려운 질문이다.

사람들은 사랑을 받을 때 더 행복하다고 느낄 수도 있지만, 성공적인 삶을 살았다고 생각되어지는 모든 사람들은 후자를 꼽는다.

이유가 무엇일까?

그것은 부모와의 관계를 생각해보면 알 수 있다.

부모는 나를 위해 모든 것을 아끼지 않았다.

그리고 자신이 가진 중요한 가치들 예컨데, 돈, 노동, 시간 등을 쏟아 부었다.

하지만 나에게 자식이 생기게 되면 그것들을 조건 없이 또 주어야 한다.

그런데 재미있는 것은 둘 중에 어느 것이 더 행복했느냐고 물으면, 사람들은 모두 자식을 키울 때라고 답한다.

이것은 아주 이상한 일이다.

자신이 가진 소중한 것들을 아무 이유도 없이 받을 때보다 아무 이유도 없이 줄 때 더 행복하다니, 물질의 세상을 살아가는 사람이 하는 말치고는 이상해도 단단히 이상한 말이다.

그 비밀은 사랑에 있다.

당신이 누군가에게 사랑을 베풀 때, 당신의 마음에는 어떤 것이 생겨날까?

그렇다. 사랑이 생겨난다.

그래야 누군가에게 사랑을 줄 수가 있다.

사랑을 주는 순간 이미 받은 것이다.

사랑이 넘쳐나면 날수록 당신은 행복해질 것이다.

왜냐하면, 그 넘치는 사랑을 스스로 받기 때문이다.

그래서 하늘은 스스로 돕는 자를 돕는다는 말이 있는 것은 아닐까?

그래서 예수는 '서로 사랑하라.'고 했을까?

그래서 부처가 자비를 강조했을까?

사랑하는 순간 일어나는 일은 아주 이상한 일이다.

사랑이 넘치게 되면 이기적인 내가 이타적으로 바뀌면서, 나는 사라지고 행복해진다.

그렇다면 나의 행복을 가로 막고 있었던 것은 누구였을까?

멋쟁이는 소유를 통해 뽐내고자 하는 마음이다.

하지만 소유가 늘어날수록 존재가 작아지는 것은 왜일까?

우리는 이제 함께 멋쟁이를 통해 자신을 더 탐구해 볼 것이다.

2. 체육시간이 되어서 선생님이 체육복을 갈아입고 나오라고
했지만 체육복을 입은 것은 지혜와 감동이밖에 없었습니다.
선생님은 화가 나서 개구리들에게 물었습니다.
짜증이가 말했습니다
"선생님, 멋쟁이를 좀 보세요. 우리반도 저렇게
멋있는 옷을 입고 체육을 해야 한다고 생각합니다."

체육시간이 되었지만, 멋쟁이 때문에 다들 체육복을 갈아입지 않는다.
짜증이가 그 이유를 설명해 준다.
멋쟁이의 모습을 보고 현혹되어 체육복을 입지 않는 것이다.
우리의 일상을 한번 보자.
어느 날 갑자기 자신의 초라함을 느낀 적이 있다면 그것은 언제인가?
아이러니하게도 아무런 문제가 없던 자신에게 문제가 있다고 생각되어지는 때는 다름 아닌, 주변 사람들과 자신을 비교하면서이다.
당신은 어느 날 여고 동창회를 다녀 올 수도 있다.
그 동창회에서 당신은 학창시절 당신보다 공부도 못했고 더 못생겼다고 생각했던 어떤 친구가, 기사까지 딸린 멋진 차에서 내리는 모습을 보게 된다.
손에 든 가방은 이름난 명품이고 손가락이며 목이며, 장식하고 있는 번쩍이는 것들은 눈이 부실 지경이다.
아이들 학교 보내느라 부산을 떨고 나오느라, 제대로 화장도 못한 얼굴의 자신을 돌아보며 쥐구멍이 있으면 숨고 싶은 마음이 굴뚝 같을 수

도 있을 것이다.

그래서 애써 마음을 다잡고,

'그래, 운 좋게 돈은 많아도 뭔가 부족한 게 있을 거야.' 하는 마음으로 그녀의 말을 들어본다.

그녀는 돈이 그녀를 변화시켰는지, 매우 교양 있었고 치장한 것과는 달리 겸손해 보이기까지 했다.

그녀는 매우 행복했으며 자상한 남편과 훌륭한 자식들을 두었지만 드러내지 않으려는 노력이 보였다.

그러면서, 오랜만에 동창회에 나간다고 남편이 너무 챙겨줘서 이렇게 요란스럽게 나오게 되었다며 겸손을 부렸다.

당신은 그녀에게 뭐 하나 흠잡을 데가 없다는 사실이 더 화가 났다.

몇몇 친구들은 그녀 옆에 바짝 달라 붙어 그녀의 시녀인 양 그녀의 비위를 맞추는 것 같아 보기 싫었다.

그녀가 가끔 당신과 눈이 마주치거나 말을 나눌 때는 뭔가 불편했고 모멸감이 왔다.

그리고, 돌아오는 길에 왠지 눈물이 났다.

'도대체 내 인생은 뭐가 잘못 된 거지?'

라는 자괴감과 함께 긴 한숨, 그리고 흐르는 눈물, 그것이 나의 것들이었다.

집에 돌아와 식탁에 앉자마자 배가 불뚝 나온 무능한 남편이 늦게 들어왔다며 핀잔을 주고, 라면 하나 끓여오라고 이야기한다.

당신은 속에서 불덩이 하나가 올라오고 있었지만, 그것을 꾹꾹 누르고 말없이 라면 물을 올린다.

사춘기 아들이 방에서 나와 불만이 가득찬 모습으로 인사도 없이 화장실을 가면서, "엄마, 왜 이렇게 늦게 와, 엄마 때문에 옷을 못 찾았잖아. 그거 어디다 뒀어?"란다.

당신은 이제 폭발하고 만다.

평소와 다를 바 없던 삶이 눈에 들어왔다.

남편의 식모로, 아이들의 시녀로 살고 있는 당신에 대한 자각이 일어나며 당신은 자신의 삶이 뭔가 잘못되어도 한참 잘못되었다는 생각에 사로잡히게 될 수도 있다.

하지만, 이 같은 일상은 늘 있어 왔다. 하나도 새로울 것이 없다.

그냥 반복되어 오던 일상이다.

당신은 라면을 끓여 달라던 남편에게 미소를 지으며, 배를 쓰다듬어 주고 농담을 건넸고, 남편의 라면을 한 젓가락 얻어 먹으며 담소를 나누었을지도 모른다.

시크한 사춘기 아들이 툴툴거려도 당신은 늘 미소지으며 아들을 보살펴 주었다.

그런데 달라진 것이 무엇인가?

달라진 것은 아무것도 없다.

딱 하나 있다면, 그것은 당신이 여고 동창회에 가서 잘나가는 당신의 친구를 본 것이다.

당신은 그녀를 보았다는 이유만으로 당신의 삶을 불태우고 있다.

물론 당신의 삶을 불태우기 전에 이미 당신이 불타고 있는 것이다.

이것이 멋쟁이의 반란이다.

멋쟁이는 이처럼 시샘이 많다.

이 불행의 원천에는 아무도 없다.

아무도 어떤 잘못도 저지르지 않았다.

다만, 당신이 당신을 다스리지 못한 것, 그것이 원인이다.
우리의 삶은 이 글의 당신처럼 무방비 상태로 놓여있다.
그래서, 내가 애써 일궈 놓았던 행복을 한순간 송두리째 빼앗길 수 있다.
그렇기 때문에 정신을 바짝 차리고 호랑이를 잘 감시해야 한다.

3. 선생님은 지혜에게 물었습니다.
반장이 왜 다른 개구리들을 잘 이끌지 못했느냐고.
지혜는 대답했습니다.
"선생님 바깥에서 들어온 것들은 모두 주인이 되고 싶어해요."

선생님은 지혜에게 책임을 묻는다.

지혜는 같은 조련사이기 때문에 그 원인을 누구보다 잘 알고 있다.

그리고 말한다.

"바깥에서 들어온 것들은 모두 주인이 되고 싶어해요."라고 말이다.

위의 이야기에서 했던 것처럼, 여고 동창은 평생에 한번 등장할까 말까한 존재일 수도 있다. 하지만 내 인생을 끝장낼 만한 존재이다.

왜 그럴까?

왜 우리는 이처럼 아무것도 아닌 사람들이 나의 인생을 좌지우지하게 내버려둘까?

바깥에서 들어오는 것들을 멋쟁이라고 부른다.

바깥에서 들어오는 것들은 어떤 경로로 들어오며 어떻게 작용하고 어떤 것들이 있을까?

멋쟁이들이 들어오는 경로는 우리의 모든 감각기관을 통해서 들어온다.

앞서 보았던 것처럼, 보는 것을 통해서 들어온다.

당신을 현혹시키기 위해서 물질세계는 요동을 친다. 당신의 마음을 빼앗으면 당신의 마음은 요동을 치고 흔들린다. 물질세계는 당신을 빼앗고 싶어한다.

조련사가 잠자는 틈을 타서 호랑이를 데리고 노는 것이 즐거운가 보다.

보이는 것들을 잘 관리해야 한다. 보이는 것들을 통제하지 못하면 괴로움이 생긴다.

그래서 보는 것보다 안 보는 게 더 나을 때도 많다.

보는 것이 많아지면, 그만큼 마음을 빼앗기는 요소도 많아진다.

마음을 빼앗긴만큼 우리의 삶은 우리의 것이 아니다.

보는 능력을 잘 활용해야 한다. 그리고 우리가 무엇을 봐야 하는지도 정해야 한다.

들리는 것도 마찬가지이다.

멋쟁이는 단지 좋은 것에만 반응하는 것만도 아니다.

밖에서 들리는 당신에 대한 비난의 소리, 그것도 멋쟁이에 속한다.

그 소리 역시 당신을 꼼짝 못하게 얽어맬 수 있다.

그리고 도무지 정신을 차릴 수 없게 만들 것이다.

그래서 당신은 스스로 자신의 삶을 파멸에 이르게 할 수도 있다.

그래서 당신은 당신의 귀를 잘 사용해야 한다.

당신이 당신의 귀를 잘 사용하지 못한다면, 세상은 언제든지 당신을 앗아갈 수 있다.

당신의 모든 감각기관들, 그것들이 당신의 멋쟁이의 유입 경로이다.

당신이 하나씩 그 감각기관들을 들여다 보며, 그것들을 자각하고 통제해 나갈 때, 당신의 삶을 당신이 지킬 수 있다.

이렇게 바깥에서 들어온 것들이 일으키는 작용은 이러하다.

일단 당신의 감각기관을 통해서 들어온 많은 것들은 그동안 당신의 경험들과 그것을 비교하게 만든다. 그래서 당신의 감각기관을 기쁘게 해 주는 것들은 그동안 당신이 가지고 있던 경험에 의해, 혹은 그 경험을 통해 검증된 기쁨에 해당하는 것들은 기쁨으로 간주하고, 그렇지 못하는 것들은 나쁜 것으로 치부한다.

이것은 몸의 내부에서 일어나는 일과도 비슷하다.

그래서 감각기관들은 경험이 많아지면 많아질수록 더 요구가 많아진다.

즉 까다로워진다.

그래서 나이를 먹을수록 더 까다로워지는지도 모른다.

그러니까 멋쟁이가 바깥으로부터 들어오면, 기대가 반응한다.

기대는 그동안의 데이터를 바탕으로 멋쟁이를 통해서 기대를 더 갖게 되거나, 그 그대에 부응했는지를 판단하게 된다.

우리는 chapter 4에서 기대에 대해서 배운 것처럼, 기대는 그저 자신의 불행을 증명하기에 급급하다.

그러므로 멋쟁이와 함께하는 기대는 우리를 더 불행한 존재로 인식하게 만들 수밖에 없다.

바깥에서 들어오는 것들의 종류는 수도 없이 많다.

하지만, 대표적인 예를 통해서 경계할 수 있는 것들을 찾아본다면,

예를 들어 술도 여기에 해당될 수 있다.

술은 당신이 직접 들어서 붓고 마신다.

하지만, 술을 어느 정도 마시다 보면 이미 술은 당신을 정복하고 당신의 중추신경계를 마비시키기에 이르게 된다.

당신은 다음 날 매우 괴로워하면서 일어나고 다시는 술을 먹지 않을 거라고 다짐할 수도 있겠지만, 그리 오래 가지는 못할 것이다.

당신은 소통의 도구로서, 혹은 당신의 기분을 전환시키는 용도로서 다시 그것을 찾게 될 수도 있고, 처음에는 가끔 마시던 것이 점점 자주 마시게 되고, 어느 날부터인가 그것을 마시지 않고는 견딜 수 없게 될 수도 있

다. 멋쟁이치고는 너무나 치밀하고 치명적이다.

멋쟁이의 극단적인 비유는 마약이 될 수도 있다.

하지만, 마약이라고 해서 너무 먼 이야기라고 생각할 필요도 없다.

당신에게 중독을 일으키는 그것이 그냥 마약이라고 보면 된다.

그렇기 때문에 당신의 감각기관을 통해 들어오며, 당신을 현혹시키는 것들을 마약으로 보고 정신을 똑바로 차리기 위해 애쓸 때 비로소 나를 지킬 수 있게 된다.

6. 선생님은 지혜에게 다시 물었습니다.
"그게 무슨 소리니?"
지혜는 말을 이어갔습니다.
"지난 번에도 옆 반에 욕심이가 들어오니까
우리 반 모든 개구리들이 욕심쟁이가 되었지요."

지혜는 바깥에서 들어오는 것들의 원리를 이야기해 준다.

그 원리는 기본적으로 마음뺏기에 있다.

이 세상은 마음뺏기 쟁탈전이라고 해도 과언이 아닐 정도로 서로의 마음을 빼앗는 데 매우 집중되어 있다.

사람들끼리도 그렇지만, 물질들 역시 사람들의 마음을 빼앗으려고 한다.

물론 사람들이 만든 물질들은 당연히 그렇겠지만 사람들이 만든 것이 아니라, 그냥 자연에서 존재하는 것들마저 이 원리를 따르고 있다.

예를 들어 꽃은 나비와 벌을 유혹해야 한다.

그래야 번식할 수 있기 때문이다.

게다가 나비와 벌은 꿀이 있어야 번식을 한다. 그래서 그 유혹에 기꺼이 화답한다.

또 인간은 그 꿀을 탐한다.

그 꿀로 건강한 삶을 영위하고 싶어하고, 이 역시 번식이다.

번식하지 않으면 존재는 사라진다.

호랑이에게 가장 중요한 것은 존재가 사라지는 것을 막는 것이다.

그렇기 때문에 번식은 매우 중요하다.

이 원천적인 문제의 해결안을 달성하기 위해 호랑이는 디자인되어 있는 것 같다.

하지만, 호랑이가 단순히 혼자 사는 동물이 아닌 이상 우리에게는 다른 요소가 숨어있다.

그것은 바로 정신적인 요소이다.

메커니즘은 똑 같지만, 운영의 근본에 큰 차이가 있다.

즉 우리 호랑이는 몸을 지배하는 지배자이면서 마음의 존재이다.

마음의 존재이기 때문에 누군가에게 사랑 받지 않으면 괴로워 한다.

이것은 동물적으로 번식에만 집중하는 동물과 사뭇 다른 면이 관찰되는 것이다.

즉 앞서 다룬 것처럼, 진정한 행복을 사랑하는 데서 느끼며, 또한 사랑을 주는 것을 훨씬 더 행복하게 느끼는 물질주의에 반하는 영적 성향을 지닌 것이다.

빨간머리 앤이라는 동화가 있다. 어린 시절 빨간머리 앤은 불우한 환경에서 자라지만, 늘 용기를 잃지 않고 행복하게 잘 성장한다.

빨간머리 앤에 등장하는 인물은 그리 많지 않다.

하지만, 앤의 행복에 등장인물이 많은 것은 그리 중요하지 않다.

현대를 살아가는 우리들이 예전의 사람들보다 물질적으로는 매우 풍요롭지만 정신적으로는 피폐한 이유는 아마도 너무나 많은 인간관계 때문일지도 모른다.

모두에게 사랑 받아야지만, 좋은 존재가 될것이라는 낡은 믿음은 호랑이의 것임에 틀림이 없다.

그 믿음으로부터 벗어나는 방법은 단 하나이다.

두 눈을 똑 바로 뜨고 마음을 빼앗기려는 호랑이의 목줄을 움켜쥐는 것이다.

호랑이가 마음을 빼앗기면, 세상을 향해 덤벼든다. 그것이 독이 든 사과라는 것을 호랑이는 입에 넣고 씹어 보고, 삼켜보아야지 만이 알 수 있다. 하지만, 조련사는 다르다.

그러므로 지혜는 지금 호랑이의 습성을 이야기해 주고 있는 것이다.

7. 선생님은 고개를 끄덕이며 말했습니다.
"그럼 바깥에서 온 것들이 주인 노릇을 못하게 하려면 어떻게 해야 할까?"
지혜가 대답했습니다.
"그건 좀 어려운 문제예요. 하지만 방법이 있다면 교실에 아예 들어오지 못하게 하는 거예요."

이 대화는 조련사들의 대화이다.

그렇다면 조련사가 둘이라는 이야기인가?

하는 생각을 가질 수도 있다.

호랑이가 여러 마리의 개구리로 이루어진 것처럼, 조련사도 원천적으로는 하나이지만 내면으로 들어가면 관점에 따라 호랑이를 잘 조련하기 위해서 갖가지 방법을 사용한다는 측면에서 여러 존재로 상정해도 되고, 혹은 그것이 헷갈린다면 그냥 조련사가 스스로 하는 말 정도로 생각해도 좋다.

이것은 그냥 우리의 이해를 돕는 동화일 뿐이지 진짜는 아니라는 말이다.

다만, 우리가 이러한 구분을 통해서 행복해진다면, 그것이 우리에게 좋다는 말이다.

우리는 우리에게 가장 좋은 방법을 찾아내면 되는 것이지, 그것의 옳고 그름은 중요하지 않다.

지혜는 멋쟁이들이 우리의 마음을 어지럽히지 않는 방법으로 미리부터 들어오지 못하게 하는 방법을 제시한다.

이것은 무슨 말일까?

예를 들자면, 요즘의 부모들은 어린아이들에게 마저 스마트폰을 건네고 그것을 관리하면서 사용하기를 원한다.

하지만 이것은 매우 어려운 일이다.

마치 고양이에게 생선을 맡기고, 그것을 지키라고 하는 것과 다를 바가 없다.

하지만, 아이들에게 명확하게 이 물건은 너희들이 사용해서는 안 된다는 원칙을 알려주면, 아이들은 그것 때문에 괴로워하지 않는다.

물론 커가면서 친구들과의 관계 때문에 다시 장애물들을 만나게 되기도 하겠지만, 그때도 역시 우리집의 룰을 명확하게 하고 설득하며 그것을 주지 않는 것이 가장 좋은 방법이다.

모든 것이 이와 같다.

술도 마찬가지이고, 담배도 마찬가지이다.

아예 그것을 하지 않는 것이 가장 이상적이다.

나쁜 습관은 좋은 습관과 달리 금방 자리를 잡는다.

그리고 마치 원래부터 주인이었던 것처럼 우리의 잠재의식 속에서 우리를 움직인다.

당신이 밤에 잠을 자다가 자신이 의식하지도 않은 채 일어나서 걸어다니는 몽유병이 있다고 가정해 보자.

그리고 눈을 떴을 때, 자신도 모르는 이상한 곳에 당신이 있게 된다면 이 얼마나 황당한 일인가?

이것이 바로 당신의 멋쟁이가 벌이는 일이다.

당신은 당신이 알아차리지 못한 채 거대한 무의식에 떠밀려 어느 곳에 가 있게 된다.

그리고, 자신이 도무지 거슬러 올라갈 수 없는 그곳에 다다라서야 비로소 자신을 한탄하게 된다.

이것이 바로 호랑이들의 특징이다.

멀쩡하던 사람이 어느 날 술 한 잔을 먹고, 지하철에서 여성의 다리를 카메라로 찍다가 우세를 당하는 모습은 남의 일이 아닐 수 있다.

우리의 무의식은 우리의 상상을 초월할 만큼 우리를 당황스럽게 만들기에 충분하다.

그래서 아예 들어오지 못하게 해야 한다고 지혜는 말한다.

8. "그리고 만약에 들어왔다면 선생님께서 엄하게 꾸짖어서
제멋대로 돌아다니지 못하게 해야 해요.
그것들은 부르지도 않았는데 찾아와서
주인행세를 하기도 하거든요."

그리고 마지막으로 지혜는 만약 멋쟁이가 들어온다면, 어떻게 해야 하는지 아이디어를 준다. 그것은 바로 엄하게 꾸짖어서 제멋대로 돌아다니지 못하게 해야 한다는 것이다.

이때 지혜는 자신이 아니라 선생님이 꾸짖어야 한다고 말한다.

지혜나 선생님이나 조련사인데, 지혜는 친구들 사이에서 동등한 존재로서의 성찰과 통솔력을 지녔지만, 선생님만큼 강력한 힘을 발휘하지는 못한다.

그래서 더 강력한 힘을 가진 조련사로서 다루지 않는다면, 멋쟁이가 당신의 의식 전체를 주무를 수도 있다고 경고하는 것이다.

그렇다면 더 강한 힘을 가진 조련사는 어떤 뜻일까?

조련사는 인정에 휘둘려서는 안된다.

조련사는 냉정하다.

당신은 그동안 당신을 위로하는 심리 서적이나, 세상의 이치에 아직 여유가 많은 지식인들에게 '있는 그대로의 자신', '자신을 사랑하라.', '자신의 감정을 사랑하라.'는 등 자신의 호랑이를 긍휼히 여기는 것에 대해 매우 유연한 것을 당연하게 여겼을 지도 모른다.

하지만, 그렇게 당신의 호랑이의 어리광을 잘 받아주어서 당신에게 남

은 것은 무엇이었는지를 묻고 싶다.

당신은 칭얼거리는 호랑이에게 측은지심으로 넘어가 또 세상에 걸려 넘어지고 말 것이다.

잊지 말아야 한다. 호랑이가 주인이 아니라, 조련사가 주인이다.

당신이 키우는 개가 목줄도 없이, 입마개도 없이 다른 사람들을 물어 죽이고 있는데, 그런 호랑이를 보면서 "에고 불쌍한 내 강아지"라고 이야기하는 사람을 당신은 뭐라고 이야기할 것인가?

당신은 이제 정신을 바짝 차려야 한다. 왜냐하면, 당신이 당신 세상의 주인공이기 때문이다. 당신이 조연으로 그냥 편하게 살다가 괴로움 속에서 세상을 마감하고 싶다면 그것은 당신의 선택이다. 아무도 그것을 잘못되었다고 생각하지 않는다.

다만 당부하고 싶은 것은 다시 한번 생각해 보라는 것이다.

당신의 삶속에서 가장 지혜로운 답에 대해서 말이다.

단 하루를 살더라도 당신 세상의 주인으로서 당차게 살아간다면, 당신은 다음 날 또 당신이 주인된 하루를 맞이하게 될 것이다.

하지만 지금 이 순간 당신이 당신의 세상을 호랑이에게 내어 준다면, 당신은 한순간 떠밀려 당신이 상상하기 힘든 어느 곳에 다다라 왜 그곳에 당신이 있게 되었는지 한탄의 큰숨을 내쉬게 될지도 모른다.

Self 심리상담

1. 이 동화를 읽고 당신은 무엇을 느꼈습니까?

네, 이 동화는 당신 마음의 처방전입니다.

당신의 마음을 사용하게 해주는 바로 그것입니다.

당신이 동화를 통해 느낀 점과 그 느낀 점들을 통해 깊이 들어가는 동안, 당신의 마음은 치유의 길로 가게 될 것입니다.

이 처방전은 당신의 느낌을 방해하지 않습니다.

당신은 자유롭게 이것을 느껴 보십시오.

다만 중요한 것은, 이 처방전의 작가가 원하는 답을 내는 것이 아니라, 당신에게 유리한 답을 내는 것입니다.

당신이 답을 적어 보았다면, 그 적은 내용을 읽어보면서 질문해 보십시오.

"과연 이 답은 나에게 이로운가?"

라고 말입니다.

당신이 지혜로운 답을 내 놓을수록 당신은 이 개구리 교실의 진정한 주인이 될 테니까요

2. 이 동화에 나오는 멋쟁이는 누구인가요?, 한번 적어보세요.

이 동화에 등장하는 멋쟁이는 무엇이든 될 수 있습니다.

가령, 멋진 차가 될 수도 있습니다.

당신이 만약 멋진 차를 갖고 싶어 한다면, 당신은 온통 그 생각에 사로잡히게 될 것입니다.

그리고 그 욕구가 강해지면 강해질수록 그 차를 가질 수 있는 가능성도 높아지지만, 또한 당신의 개구리 교실은 엉망이 될 확률도 높아집니다.

당신은 아마도 그 차를 가질 수 있는 온갖 방법들을 생각해 낼 것이고, 그 방법들을 추구하는 동안 그것은 매우 비상식적인 방법의 도움을 받고 싶어 할 수도 있습니다.

사실은 차를 갖고 싶어 하는 마음이 컸지만, 차를 갖고 싶어 하는 욕망이 커지는 동안 당신의 마음은 큰 소용돌이에 휘말려 정신을 차릴 수 없게 될 수도 있습니다.

술을 예로 들어 볼까요?

술을 많이 먹게 되면 취하게 되고, 인사불성이 되기도 합니다.

당신은 의식을 잃을 수도 있고, 그렇게 되면 당신은 말도 안 되는 상황에 처하게 되기도 합니다.

멋쟁이는 정말 다양한 형태로 우리 교실에 들어와 개구리들을 자극하고, 교실을 엉망으로 만듭니다.

멋쟁이들의 궁극적인 목적은 이 교실을 빼앗는 것입니다.
그리고 자신이 주인이 되고 싶어 하는 것입니다.

뽐내고 싶은 자기만족, 이기적 욕심이 나를 불행하게 만드는 것입니다.

3. 부르지도 않았는데 찾아와서 주인노릇을 했던 무언가에 대한 경험이 있다면, 그 내용과 느낌을 적어보세요.

당신은 아마도 이 질문의 답을 적는 데 어려움을 느낄지도 모르겠습니다.
부르지도 않았는데 오는 것?
하지만 못 적었다면 이곳의 힌트를 보며 다시 적어보셔도 됩니다.

예를 들어
지나가다가 보게 된 예쁜 옷,
우연히 만나게 된 사람이 하는 잘난척함,
아침에 들은 원인 모를 직장 상사의 짜증.

당신을 향해 감행되는 모든 것들을 예로 들 수 있습니다.
왜냐하면, 당신을 어떤 식으로든 자극한 그것들 때문에 당신의 교실이 엉망이 된다면 그들은 당신의 주인이 되려는 시도를 하고 있는 것이기 때문입니다.

이런 시도들을 돌아보게 될 때 우리는 비로소 알게 됩니다.
우리가 그들에게 무방비 상태로 자리를 내어 준 것이라는 것을 말입니다.

4. 불청객들이 들어오게 되면, 당신의 개구리 교실에는 어떤 일이 일어났나요? 그래서 무엇을 느꼈나요?

　당신의 마음속에 불청객이 들어와서 자리 잡는 그 순간, 당신의 개구리들은 모두 그 불청객을 닮아 있게 되었을 것입니다.
　각각의 개구들의 특성은 다 사라진 채, 마치 모든 개구리들이 그 불청객의 모습으로 변해버리고, 심지어는 당신의 마음이 송두리째 그 불청객의 모습으로 바뀌는 것을 체험했을 것입니다.

　그렇다면 마음은 도대체 무엇일까요?
　사람들은 흔히 자신의 마음을 자신이 알고 있다고 생각하지만,
　사실은 마음에 대해서 알고 있는 사람은 없습니다.
　왜냐면, 마음은 고정되어 있는 것이 아니기 때문에 늘 변화무쌍합니다.
　그렇기 때문에 당신이 마음을 알았다고 생각하는 것은 과거의 마음일 수는 있지만, 현재의 마음은 아닙니다.
　물론 과거의 마음도 알았다고 할 수 없지만요.

　이 동화에서는 그냥 마음이 마치 물과 같이 금방 오염된다는 사실 정도로 이해하면 좋습니다.

　그래서 당신의 마음속에 아무나 들어와서 망쳐놓게 하면 안됩니다.

5. 동화에서 지혜의 말처럼, 아무도 교실에 들어오지 못하게 하는 방법이 있다면, 어떤 것들이 있을까요?

사실 지혜의 말처럼 하는 일은 일상 생활을 하면서는 불가능한 일입니다.

하지만 우리에게 도움이 될 수 있도록 여건을 만들어 본다면 이런 것들은 추천 가능합니다.

먼저 불청객을 가려낼 수만 있다면, 당신은 불청객으로부터 당신의 마음을 뺏기는 일은 발생하지 않을 수 있습니다. 불청객을 가려내는 방법은 간단하지만 어렵지요.

그것은 바로 당신의 마음이 답답하고, 우울하고, 불행하다고 느끼게 되는 순간 불청객이 들어온 것입니다.

그러니까 이미 들어와서 당신을 괴롭히고 있는 상태에서 당신이 알게 된다는 것입니다.

조금 늦게 알아차리게 되었지만 이때 알아차린 것만 해도 매우 행운입니다.

이때 알아차린다면 아직 늦은 것은 아닙니다.

가장 늦은 것은 알아차림이 없는 것입니다.

다음으로

이 알아차림을 통해 그 불청객의 정체를 가려내십시오.

예를 들어, 우울한 원인을 찾아보십시오. 그래서 그 원인을 찾을 수 있다면,

다음으로

그 불청객이 저지른 행위들을 관찰하십시오.

마지막으로

불청객에게 말하십시오.

"이제 그만 나가 줄래?"

그가 뭘 하던 가만히 내버려 두십시오.

반응을 하지 않으면 외톨이가 되고 스스로 물러나게 됩니다.

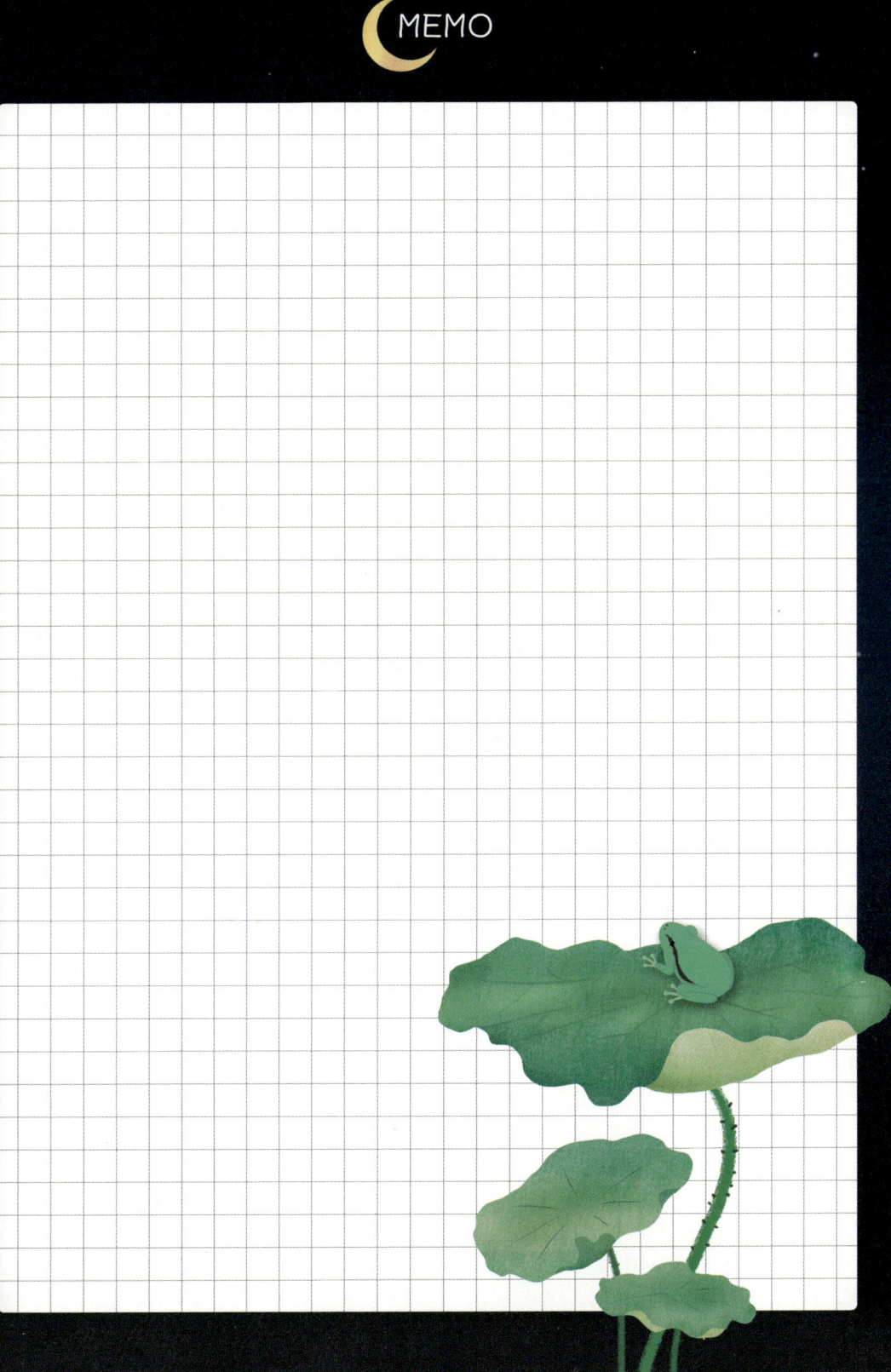

Chapter 8
마음고생

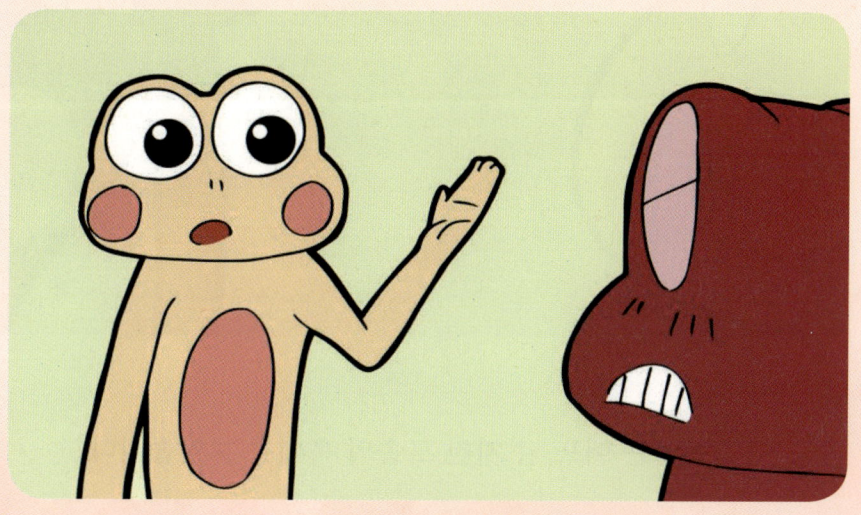

감동이는 어느 날 지친 모습의 욱이를 보았습니다.

"욱아 왜 그래?"

욱이는 힘없이 말했습니다.

"응. 옆 반 애들한테 맞았어."

감동이는 욱이를 위로하며 말했습니다.

"많이 아프겠다. 괜찮니?"

욱이가 대답했습니다.

"몸은 괜찮은데 맘이 아프다."

욱이 눈이 붉어졌습니다.

감동이는 욱이가 비록 화를 잘 내긴 했지만
풀 죽은 모습이 불쌍해 보였습니다.
그래서 욱이를 위로해 주고 싶었습니다.

"욱아 마음고생이 심했구나.
뭐 먹고 싶은 거 없니?"

그때 지혜가 지나가다가
이야기를 듣고 말했습니다.

"욱아 몸을 다치게 한 건 옆 반 애들인데
마음을 다치게 한 건 누굴까?"

욱이는 한심하다는 듯이 말했습니다.

"그야 당연히 걔들이지."

지혜는 진지한 표정으로 다시 물었습니다.

"가만히 생각해 봐.
정말 걔들이 너의 마음마저
다치게 할 수 있는 능력이 있을까?"

욱이는 능력이라는 말에 움찔했습니다.
왜냐하면, 지혜의 말을 인정하기엔
너무 자존심이 상했기 때문입니다.

지혜가 다시 말했습니다.

"욱아 너의 마음을 상하게 한 건 너야."

욱이는 이해가 안 된다는 표정으로
지혜를 쳐다보았습니다.

"욱아 네가 허락하지 않으면
누구도 너의 마음을 상하게 할 수 없어.
예전에 네가 나무 위에서 떨어졌을 때는
지금보다 더 다쳤었지만
지금처럼 마음이 상하지는 않았잖아?"

욱이와 감동이는 고개를 끄덕였습니다.
그리고 지혜가 말했습니다.

"마음을 빼앗기면 다른 개구리들이
네 마음을 맘대로 하는 거야.
그래서 네 마음이 더는 네 맘대로 안 되는 거야.
네 마음을 허락하지 마."

동화 따라 배워보기

1. 감동이는 어느 날 지친 모습의 욱이를 보았습니다.
"욱아 왜 그래?"
욱이는 힘없이 말했습니다.
"응. 옆 반 애들한테 맞았어."

이 교실을 객관적으로 볼 때는 모든 것이 명확하다.

자신의 안에서 일어나는 일들을 스스로 잘 다스릴 수 있을 것만 같다.

하지만, 자신의 안에서 일어나는 모든 일은 사실은 자신만의 일이 아니라는 생각은 우리를 매우 복잡하게 만든다.

이것이 가장 어려운 지점이다.

사람들은 자신 스스로에 대한 확신과 자아 절제의 능력이 있다고 생각하기 쉽다.

이러한 생각의 바탕에서 호랑이로서만 살아가는 사람들에게 여지 없이 덤벼드는 생각은, 자신은 매우 정의로운데 다른 사람들 때문에 모든 것이 망쳐진다는 사실이다.

반장 선거에서 다룬 내가 발견한 놀라운 세 가지의 사실에 대해서 다시 한번 들여다 보자.

첫 번째는, 모든 사람들은 훌륭한 것이 무엇인지를 안다는 것이다.

그래서 아무리 이상한 사람조차 다른 사람의 조금 이상한 것을 알아차리는 능력이 있다. 그러니까, 당신의 눈에 누군가 이상한 모습이 보인다고 해서 당신이 탁월한 비판능력을 갖추었다고 생각할 필요가 없다는 뜻이다.

다시 말해서, 그건 아무나 가지고 있는 능력이라는 말이다.

두 번째는 모든 사람들은 훌륭한 사람이 되고 싶어 한다는 것이다.

여기에도 동의하지 않는 사람이 있을 수 있다.

하지만, 이렇게 생각해 보자.

누군가 당신을 비난하는 사람을 당신은 좋아하겠는가? 아니면 칭찬하는 사람을 좋아하겠는가?

당연히 칭찬하는 사람을 좋아할 것이다.

그런데 많은 사람들로부터 칭찬을 듣는 것이 좋겠는가? 아니면 소수의 몇 명으로부터 칭찬을 받는 것이 좋겠는가?

이것도 당연히 많은 이들의 칭찬이 좋을 것이다.

여기에 예외는 없다.

이것이 바로 당신도 훌륭한 사람이 되고 싶다는 증거이다.

많은 사람에게 칭찬을 받는 사람을 훌륭하다고 하는 것이다.

그런데, 세 번째 놀라운 사실은 이들 중에 스스로 훌륭한 사람이 되기 위해 애쓰는 사람은 거의 없다.

이것은 아주 이상한 일이 아닌가?

훌륭한 것이 무엇인지도 알고, 훌륭한 사람이 되고 싶어하는 당신이 훌륭한 사람이 되기 위한 어떤 행위도 하지 않는다니, 참으로 이상한 일이다.

이것은 호랑이가 가진 이상한 습성 때문에 생긴 현상이다.

그 이상한 습성은 스스로는 자신의 모습을 보지 못하는 타고난 운명 때문이다.

그는 자신 스스로는 자신을 알지 못한다.

다시 말해서, 자신 스스로는 자신의 결점을 찾아내지 못한다는 뜻이다.

그래서 타인의 추함만을 바라 볼 수 있을 뿐 자신의 잘못을 보는 능력이 없다.

통찰력은 이런 것이다. 타인을 바라볼 때는 누구에게나 통찰이 일어난다. 하지만, 자신에게는 통찰이 일어나지 않는다.

자신에게 통찰이 일어나는 것을 보고 우리는 성찰이라고 부른다.

호랑이 자체만으로는 이 성찰의 능력을 가질 수 없다.

조련사가 눈을 떠야지만 이 성찰이 생긴다.

성찰이 생긴 사람은 타인과의 갈등이 별로 없다.

왜냐하면, 그 원인을 자신에게서 찾는 능력이 바로 성찰이기 때문에 타인에게 그 책임을 돌리지 않는다.

하지만 성찰이 일어나지 않는 호랑이에게는 타인과의 갈등이 빈번하다.

그리고, 그 갈등은 육체적인 갈등으로까지 이어진다.

사실 전쟁도 이와 같은 메커니즘의 종합판이다.

그래서 지금, 욱이가 어딘가에서 얻어맞고 온 것이다.

욱이는 그것으로 인해 지금 몹시 의기소침해 있다.

우리는 이제부터 그 의기소침의 뿌리로 들어가 볼 것이다.

2. 감동이는 욱이를 위로하며 말했습니다.
"많이 아프겠다. 괜찮니?"
욱이가 대답했습니다.
"몸은 괜찮은데 맘이 아프다."
욱이 눈이 붉어졌습니다.

감동이는 원래 욱이를 별로 좋아하지 않았지만, 욱이가 의기소침해 하는 모습을 보고 그것을 위로하는 담당도 감동이이다.

감동이는 지금 욱이가 다친 것을 위로하고 싶어한다.

하지만, 욱이의 반응은 이상하다.

"몸은 괜찮은데 마음이 아프다."는 것이다.

우리는 삶 속에서 몸이 아픈 경우를 많이 겪는다.

예를 들어, 당신은 사는 동안 사고가 났던 적이 있었을 것이다.

크게는 어느 곳이 부러졌을 수도 있고, 작게는 손이 베이는 상처로 피가 났을 수도 있다. 몸이 아팠을 것이다.

그런데 그때 마음은 어땠을까?

감정적으로 얽히지 않는 몸의 상처는 마음에 아무 영향이 없다.

그렇다면, 몸은 전혀 다치거나 아프지 않았지만 마음이 상한 경우가 있는가?

대부분 이런 경험이 있을 것이다.

우리는 몸을 매우 중요하게 생각한다.

그런데 몸이 상할때는 그냥 조금 다쳤다는 표현을 쓰고, 마음이 상할 때는 몹시 힘들어 한다. 왜 그럴까?

몸은 하나도 상하지 않았지만, 마음이 조금 상하면 우리는 견딜 수 없을 만큼의 고통을 이야기한다.

이유가 무엇일까?

그것은 우리는 평소에 호랑이로서 세상을 살아가고, 호랑이는 물질세계를 신봉한다. 그래서 그들은 건강과 재산, 사회적 지위 등을 가장 중요하고 숭고한 가치로 여기고 살아간다. 하지만, 실제로 마음의 문제에 봉착하면, 호랑이는 그동안 자신의 견고한 믿음을 한순간에 버린다.

그리고 매우 나약한 마음의 존재로서 꼬리를 내리고 애달파한다.

이것은 명명백백하게 자신의 존재가 물질적 존재가 아니고, 마음의 존재임이 증명되는 순간이다.

이런 명백한 근거들이 있음에도 불구하고 우리는 철저히 이것을 감추고 혹은 모르는 채 살아간다. 그러다가 결국 자신이 어떤 존재인지에 대해서 깨닫게 되더라도 그것을 깨달았던 상황이 사라지고 나면 또 물질적 존재로서 행사한다.

그렇다면 몸과 마음은 따로따로일까?

마음이 좀 상해도 몸이 괜찮으면 괜찮아지는 것일까?

호랑이들은 그렇다고 생각할 가능성이 높다.

지금 이 내용을 이야기해 주면 모든 사람들은 고개를 끄덕이거나 당연한 이야기를 한다고 반응할 것이다.

하지만, 그것을 깨닫기는 쉽지 않다.

그렇기 때문에 다 아는 이야기이고 중요하지만, 시간이 약이라는 것으로 자신들의 답을 귀결시킨다.

하지만 시간은 답이 되지 않는다.

시간에 묻혀 답이 없는 것처럼 느껴질 뿐이다.

사람들은 자신들이 답을 모른다고 해서 그것에는 답이 없다는 이야기를 성급히 한다.

그것은 매우 심각한 자기 오만이다.

그것도 리더들은 절대로 그런 말을 하면 안 된다.

왜냐하면, 자신이 답을 못 찾았다고 다른 사람도 못 찾게 만들면 안 되기 때문이다.

보물찾기를 하는데 어떤 사람이 "내가 다 찾아 봤는데 아무 데도 없어, 아마 아무도 보물을 발견하지 못할 거야."라고 선언해 버린다면, 적어도 그를 믿는 사람들은 포기할 것이다. 그래서 말을 조심해서 해야 한다.

또한 당신은 자신 이외에 누구도 믿어서는 안 된다.

오직 자신만이 발견할 수 있다.

다시 돌아와서 말하자면, 시간은 답이 될 수 없다.

누군가는 어린 시절의 상처를 안고 세상을 살아가면서 자신의 세상이 이상하게 꼬여 있다는 사실을 모르고 살아가지만, 누군가에 의해 어떤 계기에 의해 자신의 삶이 이상하게 되어 있다는 사실을 알아차리게 되고, 그 원인이 자신의 불우한 어린시절에 있다는 것을 발견하게 되기도 한다.

이런 경우 사람들은 자신의 과거를 탓하기도 한다. 마치 과거 또한 물질적 요소인 것처럼 말이다.

혹은 지속된 스트레스를 통해서 나쁜 질병에 걸려 죽음을 눈앞에 둔 사람도 있다.

혹은 나쁜 습관 때문에, 예컨데 담배를 많이 피우는 습관으로 폐암에 걸린 사람이 자신처럼 나쁜 결과를 맞지 않기를 경고하기도 한다.

지금까지 위에서 나눈 모든 이야기들을 한데 모아서 하나의 원인을 찾는다면 그것은 무엇일까?

그것은 바로 정신이다. 즉 마음이다.

마음의 병인 것이다.

마음의 병이 몸의 병을 낳은 것이다.

이것을 알아야 진정한 치유가 일어난다.

어떤 주말 부부인 아빠가 1주만에 집에 들러 아들, 딸, 아내와 함께 식사를 하며 행복에 대한 대화를 나누고 있다. 아빠는 행복에 대한 강의를 늘어놓다 말고 아들에게 이야기 한다.

"우리집은 너만 공부를 잘하면, 참 행복할 텐데 말이야."

이말에 격분한 아들은 밥먹던 자리에서 벌떡 일어나

"그럼, 저만 없으면 행복하시겠네요."라고 외치며 15층 아파트의 베란다로 뛰어가 아래로 떨어졌다.

이것은 몇 년 전 실제로 있었던 이야기이다.

얼마나 비극적인 이야기인가?

이 비극적인 이야기는 우리의 몸의 끝을 내는 존재도 우리의 정신임을 단적으로 보여준다.

우리는 철저히 마음의 존재이다.

그런데 마음에 대해서 잘 알지 못하면서 어떻게 몸을 잘 보존할 수 있을 것인가?

3. 감동이는 욱이가 비록 화를 잘 내긴 했지만
풀 죽은 모습이 불쌍해 보였습니다.
그래서 욱이를 위로해 주고 싶었습니다.
"욱아 마음고생이 심했구나. 뭐 먹고 싶은 거 없니?"

감동이는 욱이에게 뭐 먹고 싶은 게 없는지 묻는다.

욱이는 호랑이를 대변한다.

호랑이는 이 마음의 상처를 위로할 방법을 물질적인 요소에서 찾기가 쉽다.

혹은 상대방에게 문제가 있어서 벌어진 일이라고 생각하기 때문에, 상대방의 사과를 통해서 자신을 위로 하고 싶어한다.

감동이는 이 호랑이의 특성을 잘 알고 있는 것이다.

그래서 물질적 요소로서 호랑이가 아픈 마음을 빨리 잊는 처방을 찾아주고 싶었을 것이다.

가끔 정치인들이 서로의 잘못을 꼬집으면서 사과하라고 요청한다.

그리고 사과를 하면, 다시 진심어린 사과를 하라고 한다.

당신은 어떠한가?

당신에게 누군가 당신의 잘못을 꼬집으면서 사과하라고 이야기하면 사과하고 싶은 마음이 생기는가?

아마, 그런 마음보다 당신의 잘못을 꼬집는 사람에 대한 미운 마음과 오히려 그의 잘못을 찾아내기 위해서 애쓸 것이다.

그것이 호랑이의 습성이다.

즉 사과하라고 하면 할수록 사과하고 싶은 생각은 들지 않는다는 뜻이다.

하지만 마지못해 사과를 하게 되었는데 진심어린 사과를 하라고 한다면, 또 무슨 생각이 들 것인가?

어떻게 마지 못한 사과에 진심을 담을 수 있을 것인가?

우리 호랑이의 세상은 이처럼 어불성설의 세상이다.

말도 안 되는 세상에서 살아가는 우리는 참 불쌍하다.

그것도 소위 리더라고 불리우는 사람들의 추태가 그와 같은데 우리의 모습은 어떨까?

동물들은 '페어플레이'라는 것이 없다.

하이에나가 여러 마리 모여서 아픈 사자를 공격하고 죽이는 경우도 많다. 우리는 그런 영상을 접하게 되면 하이에나를 비난한다. 뒤에서 비겁하게 여러 마리가 한 마리를… 이런 말을 운운하면서 말이다. 하지만, 동물의 세계에서는 생존만이 정의다.

우리의 호랑이 세계에서 일어나는 일은 과연 동물의 세계와 다른 점이 무엇인가?

동물의 세계에서는 사과를 요구하지 않는다. 그냥 맘에 안 들면 물어뜯는다.

그리고 누구도 사과하지도 않는다.

힘이 곧 정의이기 때문이다.

그러므로 호랑이의 세계는 모순 투성이이다.

하지만, 이 모순이 일어난 이유가 바로 호랑이인 우리들이 단순한 호랑이가 아니기 때문임을 알아야 한다.

우리는 호랑이이면서 조련사다.

그렇기 때문에 이 모순은 호랑이의 논리로만은 풀 수가 없다.

조련사는 사과 따위를 요구하지 않는다. 그냥 용서한다.

또한 조련사는 사과할 일을 하지도 않는다. 그냥 사랑한다.

호랑이에 대해서 잘 알면 알수록 우리는 호랑이가 빠진 모순으로부터 벗어날 수 있게 된다.

4. 그때 지혜가 지나가다가 이야기를 듣고 말했습니다.
"욱아 몸을 다치게 한 건 옆 반 애들인데
맘을 다치게 한 건 누굴까?"
욱이는 한심하다는 듯이 말했습니다.
"그야 당연히 걔들이지."

드디어 지혜가 등장한다. 지혜는 이상한 질문을 한다.

그리고, 욱이에게는 이 질문이 매우 한심하게 들린다.

지혜의 질문은 욱이가 지금 몸과 마음에 상처를 입었지만, 몸을 다치게 하면서 마음도 다쳤다면 마음을 다치게 한 것이 누구냐는 것이다.

욱이로서는 이 말을 이해할 수 없다.

호랑이는 지금 자신의 마음이 상한 것이 당연히 다른 이들 때문이라는 확신이 있다.

호랑이 세계에서는 당연한 일이다.

하지만, 조련사인 지혜는 이것이 이상하다는 말을 하고 있는 것이다.

예를 들어, 어떤 사람이 지갑을 잃어버렸다.

지갑에는 자신의 전 재산이 들어 있었고, 그것을 잃어버리고 망연자실하게 되었다.

그는 낙담하여 삶을 비관하고 스스로 죽었다.

조금 비관적이지만 그럴 수 있는 일이다.

그런데 똑같은 상황에 어떤 사람은 죽지는 않았지만, 평생을 그 트라우마로 시달렸다.

이것도 있을 수 있는 일이다.

또 어떤 사람은 처음에는 조금 낙담했지만, 그것을 잘 이겨내고 훗날 자신의 성공을 있게 한 계기라고 이야기한다.

똑같은 상실에 아주 다른 대처들이 보인다.

왜 똑같은 원인이 똑같은 결과를 만들지 않는 것일까?

하나의 원인에 하나의 결과, 그것이 호랑이들의 한계이다.

자신이 선택한 결과만이 진실이며 진리라는 믿음, 그것이 바로 호랑이의 한계이다.

그래서 호랑이의 화신인 욱이는 지혜의 이야기가 참 한심했을 것이다.

당연히 자신을 괴롭힌 애들이 자신의 마음에까지 상처를 입혔다고 생각한다.

하지만 지혜는 조련사다.

그는 이것을 다르게 본다.

그는 모든 가능성 중에 가장 자신에게 이로운 것을 택해야 한다. 그것이 조련사의 능력이다.

그러므로 최선을 다해서 자신에게 최고의 선택을 찾는다.

지금도 그러고 있는 과정이다.

조련사가 최고의 선택을 찾지만, 그것을 정작 선택하고 행동하는 것은 바로 호랑이이기 때문이다.

5. 지혜는 진지한 표정으로 다시 물었습니다.
"가만히 생각해 봐.
정말 개들이 너의 마음까지 다치게 할 수 있는
능력이 있을까?"

조련사가 호랑이의 능력을 일깨워 주는 방법이 있다.
그중의 하나는 바로 호랑이 스스로 그 모순을 보게 하는 방법이다.
그래서 조련사는 호랑이에게 자신의 모순을 깨닫게 돕는다.
호랑이는 흥분된 상태에서는 아무런 생각을 하지 못한다.
그렇기 때문에 조련사에게 중요한 것은 호랑이를 안정시키는 것이다.
조련사는 말한다.
"가만히 생각해 봐."
차분히 감정을 가라앉히고, 차근 차근 생각해 보라는 말이다.
호랑이들은 늘 헷갈린다.
어떤 대상이 자신을 괴롭혔다고 생각한다.
그리고 그 대상이 자신에게 어떤 문제를 일으켰다고 생각하지만, 조련사의 생각은 다르다.
어떤 대상이 호랑이를 자극한 것이 아니라 호랑이가 자신이 비친 거울을 보고 깜짝 놀란 것이라고 생각한다는 것이다.
강아지에게 거울을 보여주면 강아지는 거울을 보면서 짖는다.
강아지에게는 거울에 있는 자신의 모습을 자신으로 인식하지 못한다.
그에게는 그 맺힌 상이 진실이다.

그렇기 때문에 깜짝 놀라서 짖게 된다.

그런데 이게 웬일인가?

거울이 따라서 자신을 보고 짖고 있다.

강아지에게는 확신이 든다.

저 거울 안의 개가 나에게 적개심을 가지고 짖고 있다는 확신 말이다.

그래서 더 크게 짖게 된다.

더 험상궂은 표정으로 짖는다.

그러자 거울의 상은 더 험상궂은 표정으로 짖는다.

이제 강아지는 더 이상 의심의 여지는 없다.

그러다 거울의 상이 무서워진다.

그러자 강아지는 꼬리를 보이며 슬그머니 자리를 피한다.

거울에서 멀어지자 강아지에게는 평온이 온다.

그리고 강아지는 다시는 그 험상궂은 강아지를 보지 않게 되기를 바랄 것이다.

거울 속의 강아지가 어떻게 자신의 집에 들어왔는지 의아해서 집안 곳곳에 더 철저하게 자신의 영역 표시를 해야겠다는 다짐을 하게 될 것이다.

호랑이가 이와 같다.

호랑이도 동물이기 때문에 이와 같은 모순에 쉽게 빠진다.

하지만 조련사는 다르다.

호랑이가 거울을 보면서 으르렁거리는 모습을 보고 호랑이에게 가만히 생각해 보라고 말한다.

그리고 무엇을 시킬까?

그렇다. 조련사는 호랑이에게 거울에 발을 갖다 대어 보라고 시킨다.

그것이 진짜인지 확인해 보라는 충고다.

거울에 발을 갖다 대는 순간 호랑이는 알 수 있기 때문이다.

거울에 비친 그 상, 자신이 진짜라고 믿었던 그것들이 모두 거울에 비친 상이라는 사실을 깨닫게 된다는 것이다.

하지만, 호랑이로서는 절대로 지속적으로 깨닫지는 못할 것이다.

다만 조련사는 알고 있다.

호랑이가 깨달을 수 있다는 사실을 말이다.

참 아이러니한 일이다.

호랑이는 스스로 자신의 능력을 알지 못한다.

하지만 조련사는 알고 있다.

호랑이가 해낸다는 것을 말이다.

그리고 조련사는 호랑이가 자신이 의심하는 것을 해내는 동안 차분히 기다리고, 호랑이는 자신이 그것을 해내고 나서야 비로소 자신의 성장을 느낀다.

하지만 이런 성장을 경험한 호랑이조차 또 이와 같은 전철을 또다시 밟게 된다는 것이다.

참 안타까운 일이다.

> 6. 욱이는 능력이라는 말에 움찔했습니다.
> 왜냐하면 지혜의 말을 인정하기엔
> 너무 자존심이 상했기 때문입니다

욱이는 움찔했다.

그것은 자신의 모순을 봤다는 이야기이다.

그는 스스로 자신이 가장 힘이 세다고 생각했는데, 다른 반 애들에 비해 능력이 약하다는 것을 자신이 인정하고 있다는 모순을 느끼게 된다.

욱이는 자신이 다른 반 애들에게 얻어 맞은 것에 대해서 자신의 능력이 부족해서가 아니라, 자신은 혼자였고 상대는 여럿이었다는 핑계 등 수많은 핑계로 자신을 정당화하기에 급급했을 것이다.

하지만, 이렇게 아무리 자신을 정당화시키고 위로해도 변하지 않는 한 가지가 바로 마음에 관한 것이라는 것을 이해하게 되었다는 것이다.

몸이 상한 것은 어떻게든 핑계가 생기는데, 마음이 상한 것도 능력 때문이라는 것을 자신이 인정하면 안 된다는 것을 알고 있다는 말이다.

그리고 그것을 인정하게 되면, 자신의 정체성이 훼손되기 때문에 지금 그 모순을 해결해야 하는 상황에 처하게 된 것이다.

그래서 욱이는 더 깊은 생각을 해야 하는 처지에 내몰리게 되었다.

이것은 조련사의 질문이 효과를 발휘한 것이다.

사람들은 누구나 스스로 모순에 빠지는 것을 두려워한다.

왜냐하면 자신이 하고 있는 그 행위가 정당화 될 수 없다면, 그것은 자신의 존재에 대한 큰 위협이 되기 때문이다.

그래서 사람들은 논리로서 무장한다.

그리고 그 논리를 다른 사람들에게 강조한다.

하지만 이것은 매우 우스꽝스러운 발상이다. 왜냐하면 어차피 절대적인 논리란 있을 수 없기 때문이다.

지금 자신이 가지고 있는 그 논리는 편견에 불과하다는 사실을 우리는 깨달아야 한다.

조련사는 그것을 명확히 알고 있다.

그렇기 때문에 조련사는 자신이 가진 논리를 가지고 빠져나오지 못하는 호랑이를 향해 빠져나오라고 이야기하기보다 질문을 택한다.

어차피 조련사는 호랑이를 그곳에서 꺼낼 수는 없다.

설령 꺼낼 수 있다고 하더라도 그렇게 해서는 안 되고, 그렇게 하면 안 되는 규칙이 있다.

지금 욱이는 지혜의 묘수에 당황하며 깨닫게 된 것이다.

> 7. 지혜가 다시 말했습니다.
> "욱아 너의 마음을 상하게 한 건 너야."
> 욱이는 이해가 안 된다는 표정으로 지혜를 쳐다보았습니다.
> "욱아 네가 허락하지 않으면 누구도
> 너의 마음을 상하게 할 수 없어.
> 예전에 네가 나무 위에서 떨어졌을 때는
> 지금보다 더 다쳤었지만
> 지금처럼 마음이 상하지는 않았잖아?"

지혜의 이야기에 욱이는 도무지 이해할 수가 없다.

자신의 마음을 상하게 한 것이 자신이라니, 얼마나 당황스러운 이야기인가?

하지만 그것은 사실이다.

만약 당신의 주방에 있던 컵이 깨졌다면, 그것은 누군가 그것을 깼을 것이다.

그런데 아무도 집에 들어온 적도 없는데 자신의 컵이 깨져 있다면, 가장 의심스러운 존재는 누구일까?

그렇다. 그 존재는 바로 자기 자신이다.

호랑이는 스스로 자신의 마음을 상하게 했는데 그것을 깨닫지 못한다는 것이다.

만약 그 대상이 있고 그 대상이 뭔가를 일으킨 것이 확실하다면, 그 대상이 저지른 일의 결과는 늘 하나여야 한다.

하지만 호랑이에게 일어난 일은 그렇지 않다는 것이다.

그 상처의 수준에 따라서 몸이 상하고 마음이 상하는 것의 인과관계와 비율이 비례해야 할 텐데, 그것이 아니라는 사실을 조련사는 호랑이에게 계속 이야기하고 있다.

그래서 의심해 보라는 것이다.

게다가 조련사는 호랑이에게 말한다.

너의 마음은 너만의 것이고, 니가 허락하지 않으면 아무도 너의 마음을 상하게 할 수 없다고 말이다.

몸은 물질이다.

그래서 물질에 의해서 훼손당할 수 있다.

하지만 마음은 비물질이다.

그러므로 그 메커니즘이 오묘하다.

다시 말해서, 마음의 움직임은 물질의 움직임처럼 명확하게 구분되지 않는다는 것이다.

그것은 있다고 하면 없고, 없다고 하면 있는 아주 이상한 것이다.

마음을 상하게 할 의도를 가지고 누군가 마음을 타겟으로 공격을 해와도 그것을 그렇게 느끼지 않는다면, 누구도 그 마음을 상하게 할 수 없다.

혹은 누군가 마음을 상하게 할 의도를 가지고 있지 않았을 뿐더러, 심지어는 선한 의지를 가지고 있다고 하더라도 오해하고 마음이 상하는 경우는 다반사로 일어난다.

이러한 사례를 통해서 우리가 알 수 있는 것은 무엇일까?

그것은 마음은 그것을 해치려는 의도에 의해서 라기보다는 그것을 지키지 못하기 때문에 상처받을 수 있다는 결론을 도출할 수 있다는 말이다.

그러면서 지혜는 그 근거로 제시하는 명확한 것이 바로, 몸이 상할 때 마음이 상하지 않았던 일을 상기시킨다.

이것을 통해 지혜는 욱이가 스스로 모순에서 빠져나오기를 기대했을 것이다.

몸이 상한 것과 관계 없이 마음이 상한다는 것은 매우 중요한 이야기이다.

몸과 마음의 메커니즘이 다르다는 것과 함께, 마음의 메커니즘은 그것을 가진 자만이 어떻게 할 수 있다는 사실을 알아야 한다는 것이다.

그래서 욱이는 어떤 자세를 취하게 될까?

8. 웅이와 감동이는 고개를 끄덕였습니다.
지혜가 말했습니다.
"마음을 빼앗기면 다른 개구리들이
네 마음을 맘대로 하는 거야.
그래서 네 마음이 더 이상 네 맘대로 안 되는 거야.
네 마음을 허락하지 마."

이제 지혜는 우리 마음에서 일어나고 있는 마음뺏기 쟁탈전에 대해서 이야기 해준다.

우리가 분노할 때는 모두 한가지 맥락이다.

다른 사람들에게 무시당했을 때다.

당신이 다른 경우의 예를 찾아낸다고 하더라도 결국은 무시당했을 때이다.

그렇다면, 무시당하는 것이 왜 그렇게 우리의 마음을 분노로 이끌 수 있을까?

그것은 무시당했다는 것의 의미를 깊이 해석하면서 해법을 찾을 수 있을지도 모른다.

무시당했다는 뜻은 '업신여김을 당했다.'는 의미이다.

이것은 무슨 말일까?

존재가 있기는 있는데 있지 않은 것처럼 취급을 당했다는 이야기이다.

즉, 몸의 존재는 분명히 있지만, 상대가 나를 없는 것처럼 취급했다는 말이다.

여기서 우리는 우리가 어떤 존재인지 한번 더 확실히 짚고 넘어가야 한다.

우리가 만약 몸의 존재라면 자신을 무시한다고 해서 분노할 이유가 없다.

상대가 무시한다고 해서 나의 존재를 침해할 수 없기 때문이다.

그는 나를 털끝 하나 상하게 하지 않았다.

하지만 나는 심한 모멸감을 느낄 수 있다는 말이다.

즉 나는 철저히 마음의 존재인 것이다.

그러니 우리는 몸보다 마음을 잘 알아야 한다.

몸보다 마음을 훨씬 더 중요하게 생각하는 존재가 몸에 대해서는 잘 알고, 또한 잘 알려고 노력하면서 마음은 전혀 모른다고 한다면 이처럼 우매한 일이 어디에 있겠는가?

영어 시험을 보는데 수학 공부만 하고 있는 격이 아닌가?

우리는 모두 철저한 마음의 존재이다.

그런데 마음의 존재인 나는 늘 하나의 유혹에 시달린다.

그것은 바로 다른 사람들의 마음속에서 좋은 존재로서 인식되고 싶어 한다는 것이다.

왜냐하면 그래야 자신이 좋은 존재가 된다는 착각 속에 살아가기 때문이다.

우리는 늘 이렇듯 인식의 객체로서 살아간다.

그리고 상대가 자신을 좋은 존재로서 인식하지 않으면, 화내고 짜증내면서 슬퍼한다.

그런데 상대가 자신을 좋은 존재로서 인식하면, 기분 좋고 행복해 한다.

이 얼마나 아이러니한 이야기인가?

왜 자신의 존재가 타인의 인식에 의해서 결정되는가?

그리고 왜 꼭 그렇게 되어야만 하는가?

하여간 인식의 객체로서의 인간에게는 이 원죄 때문에 늘 타인의 마음을 빼앗으려는 습성이 있다. 그래서 항상 타인과 관계가 생기기만 하면, 타인의 마음을 빼앗기 위해서 타인의 마음속으로 들어가 버린다.

참 이상한 일이 발생하는 것이다.

타인의 마음을 뺏기 위해 타인의 마음에 들어가는 순간, 이미 자신의 마음이 있어야 할 자리는 비어 있게 된다.

이미 마음을 빼앗긴 것이다.

그러니까 결국 남의 마음을 빼앗기 위해서 이미 자신의 마음을 헌납하고, 남의 마음으로 자신의 빈 자리를 채우려고 하는 것이 바로 인간이 가진 마음의 모순이 되는 것이다.

그런데 그가 자신을 업신여긴 것이다.

타인의 마음에 가 있는 당신의 마음을 그가 죽여 버린 것이다.

당신은 마음의 존재인데, 당신의 마음을 그가 없는 것 취급했으니 죽임을 당한 것과 다름이 아니다.

그러니 분노하지 않을 수 없었을 것이다.

하지만 이것은 참 아이러니한 일이다.

이제 그 마음을 거두어야 한다.

남의 마음을 뺏기 위해 남의 마음으로 달아난 자신의 마음을 자신에게 두어야 한다.

여기서 남이라고 표현된 것들은 비단 인간들만을 이야기하는 것이 아니다.

당신이 마음을 뺏길 수 있는 것은 세상의 모든 것들이다.

당신이 좋아하는 차, 집, 가방 등등 물질 세계의 모든 것들을 비롯해서 당신의 지식, 사회적 지위, 건강, 보이는 것 혹은 보이지 않는 모든 것들이 당신의 마음을 빼앗기 위해 발악을 한다.

그러고 보면, 당신이 당신의 마음을 지키지 못하는 것도 어떻게 보면 당연한 것일 것이다.

하지만 그럼에도 불구하고 당신은 당신의 마음을 지켜야 한다.

그것만이 당신이 스스로 행복해지는 방법이다.

그래서 지혜는 말한다.

"네 마음을 허락하지 마."

Self 심리상담

1. 당신이 마음이 상했을 때를 한번 떠올려 보고, 기억과 느낌을 적어 보세요.

　요즘 사람들은 흔히 마음이 상했다는 이야기를 합니다.
　상했다는 말은 다쳤다는 말인데, 그럼 마음은 아주 상하기 쉬운 존재일까요?
　당신은 이 질문에 대한 답을 적으면서 당신의 마음이 상했던 기억을 떠올려야만 했을 것입니다.
　그리고 아마, 어떤 사람은 다시 기분이 나빠지고 마음이 상한 사람도 있을 것입니다.
　혹은 어떤 사람은 '그까짓 것 가지고 내가 마음 상했었구나.' 하는 생각을 하는 사람도 있을 것입니다.
　신기한 일이 아닌가요?
　누군가는 안 상하기도 하고,
　누군가는 상하기도 하고,
　그럼 사람마다 마음이 다르다는 것을 알 수 있겠네요.
　맞습니다.
　사람마다 마음이 다 다릅니다.
　어떤 사람은 자신의 마음을 상하기 쉬운 복숭아라고 하고,
　어떤 사람은 다이아몬드라고 하기도 합니다.

당신의 마음을 당신이 정할 수 있다면 당신은 어떤 마음으로 정하고 싶으신가요?

2. 마음을 빼앗긴다는 것은 어떤 뜻이며, 경험이 있다면 적어 주세요.

이 동화에서 지혜는 욱이에게 마음을 빼앗겼기 때문에 상처를 입었다고 말합니다.

마음을 빼앗긴다는 것은 'chapter 7. 주인 노릇하는 멋쟁이'에서 본 것처럼, 모든 존재들은 서로의 마음을 빼앗는 것을 매우 자연스럽게 생각합니다.

그래서 서로 상대의 마음을 빼앗으려 노력하죠.

심지어는 욱이처럼, 자신을 때리는 존재에게조차 마음을 빼앗기고 맙니다.

우리가 생각하는, 일반적으로 이해하는 '마음을 빼앗긴다.'는 표현하고는 좀 거리가 있기도 합니다. 중요한 것은 우리는 아주 쉽게 마음을 뺏기고 만다는 것입니다.

그리고 그 마음을 빼앗은 자가 우리 마음을 잘 대해주면 우리는 행복해 하고, 그렇지 않으면 슬퍼하고, 불행해 합니다.

참 바보 같죠?

마음이 살아야 하는 곳은 바로 자기 자신의 안입니다.

자기 자신 안에 마음을 살게 해야 하는데, 꼭 다른 사람들 마음속에서 자신의 마음을 살게 하면서 슬퍼하고, 괴로워하고, 불행해 합니다.

"지금 당장, 당신의 마음을 당신 안에 두세요."

3. 마음을 자신의 안에 두기 위해서 할 수 있는 방법은 무엇이 있을까요?

앞서 말한 바와 같이 사람들의 마음은 그 속성이 다른 사람들의 마음속에서 살고 싶어합니다.

왜 그럴까요?

그것은 자신의 존재를 다른 사람들을 통해서 인식하기 때문입니다.

이것은 마치 거울이 없으면 자신을 볼 수 없는 것과 같은 이치입니다.

거울에 자신을 비춰보고 자신이 얼마나 잘생겼는지, 다른 사람들과는 어떻게 다른지를 확인하는 것처럼, 마음은 마음을 비추는 거울이 없기 때문에 본능적으로 다른 사람들의 마음속에다가 자신을 비춰보는 것입니다.

그런데 그 비춰보는 행위의 습성이 신기하게도 비춰보는 순간 그의 마음속으로 마법처럼 들어가 버리게 되는 것입니다.

맞습니다.

마치 신비한 마법의 거울처럼 거울에 비치는 상을 자신으로 인식하고 거울 속에 갇혀버리는 거죠.

그렇다면 그렇게 되지 않을 수 있는 방법이 있을까요?

그것은 자신 안에 거울을 두는 것입니다.

좀 더 쉽게 설명하면 실재(實在) 거울을 바라보십시오.
그리고 거울에 비친 자신에게 말하십시오.

"마음, 니가 있을 곳은 바로 여기야."라고 말입니다.

4. 왜, 어떤 사람은 쉽게 마음이 다치고, 어떤 사람은 그러지 않을까요?

이 답을 적는 과정에서 당신은 아마도 마음이 참 이상하다는 것을 알게 되었을 것입니다.

똑같은 상황인데 누군가에게는 상처가 되고, 누군가에게는 아무렇지 않다니 이것은 그냥 이해하기에는 쉽지만 삶에 적용하기에는 매우 어려운 일입니다.

사람마다 타고난 심성이 있습니다.
즉 마음의 성격이 다 다르다는 것입니다.
마치 육체가 가지고 있는 특징처럼 마음도 그 특징이 있다는 것입니다.
자신의 몸의 특성에 따라 어떤 사람은 감기에 잘 걸리기도 하고,
어떤 사람은 감기에 강하기도 합니다.
어떤 사람들은 뼈가 튼튼하기도 하고,
어떤 사람들은 뼈가 약해서 골다공증이 오기도 합니다.

그래서 사람들은 착각합니다.
심성도 타고난 심성이 있어서 바꿀 수가 없다고 말입니다.
그러나 심성은 분명히 있지만 몸과는 다릅니다.

심성을 바꾸는 것은 그리 어려운 것이 아닙니다.
물론 연습이 아주 필요 없는 것은 아니지만,
육체적 특성에 비해서 매우 쉬울뿐더러
어떤 사람의 경우는 매우 손쉽게 바꾸기도 합니다.

그것은 바로 생각입니다.
생각을 통해서 심성이 바뀝니다.

"생각을 바꿔보세요."

5. 쉽게 상처받지 않기 위해서 할 수 있는 생각 바꾸기에는 어떤 것들이 있을까요?

생각을 바꾼다는 것은 아주 어려운 일 같지만, 사실은 아주 쉬울 수도 있는 일입니다.

왜냐하면 생각은 상상과 비슷합니다.

예를 들어서 과거를 한번 기억해 보십시오.

누군가와 다투어서 매우 사이가 안 좋았는데, 그가 그때 그렇게 나와 싸웠던 기억을 다시 생각케 한 친구가, 그때 그 친구가 너에게 친해지려고 다가서는 방법을 몰라서 그랬다는 말을 전해들었다고 생각해봅시다.

당신은 "아, 그래서 그랬던 거야? 말을 하지 그랬어."라고 할 것입니다.

이때 과거에 일어난 이 일은 사실일 수도 있고 아닐 수도 있습니다.

중요한 것은 당신의 생각이 바뀌니까 나쁜 사람, 즉 나쁜 기억이 좋은 사람, 좋은 기억이 된다는 것입니다.

이때 이 생각이 바뀌는 모멘텀에 작용하는 것이 있습니다.

그것은 바로 '생각을 생각하기'입니다.

천국과 지옥을 연결하는 다리가 있습니다.

그 다리의 이름은 바로,

'생각을 바꿨더니' 다리입니다.

생각을 바꾸면 지옥에서 천국으로 건너올 수 있게 됩니다.

Chapter 9
감동이 개구리

감동이가 엄마에게 여쭤봤습니다.

"엄마, 왜 내 이름은 감동이에요?"

엄마가 대답했습니다.

"네가 태어났을 때 엄마는 무척 감동했단다.
그래서 네가 많은 사람에게
감동을 주기를 바라는 마음에서
너를 감동이라고 이름 지었단다."

감동이는 기분이 좋았습니다.
자신이 다른 개구리들을
감동하게 하는 능력이 있다는 것을 알고
조금 의기양양해지기도 했습니다.

감동이는 다른 개구리들에게
감동을 전해주기로 하고 집을 나섰습니다.

얼마 후 지친 기색으로 집에 돌아온 감동이는
엄마에게 여쭤봤습니다.

"엄마, 제가 아무리 감동을 주려 해도
개구리들이 감동을 받지 않아요.
왜 그런 거죠? 제 이름이 잘못됐나 봐요."

엄마는 빙그레 웃으며 말했습니다.

"감동아, 엄마는 너에게 매번 감동을 받는데,
개구리들은 왜 너에게 감동받지 않을까?
엄마가 감동을 받은 것을 너는 어떻게 아니?"

감동이는 대답했습니다.

"엄마의 표정과 말,
그리고, 엄마가 나를 사랑하는 모습을
보고 알지요."

"그렇구나. 감동은 주는 것보다
받는 것이 더 기쁜 일이구나.
그러면 너는 감동을 받은 엄마를 볼 때
기분이 어떠니?"

엄마가 물었습니다.

"당연히 기분이 좋죠."

감동이가 대답했습니다.

"감동아, 감동을 받는 것이 쉬울까?
주는 것이 쉬울까?" 하고 엄마가 묻자,

감동이는 "감동받는 거요!" 하고
큰 소리로 대답했습니다.

"감동아, 그렇구나.
감동하는 것이 훨씬 쉬운 일이고,
감동하는 것이 훨씬 기쁜 일이고,
감동하면 감동을 준 개구리는
너를 좋아하게 되는구나."

이야기가 채 끝나기도 전에
감동이가 문을 열고 나가며 소리쳤습니다.

"엄마, 저 감동하고 올게요."

동화 따라 배워보기

1. 감동이가 엄마에게 물었습니다.
"엄마, 왜 내 이름은 감동이에요?"
엄마가 대답했습니다.
"네가 태어났을 때 엄마는 무척 감동했단다.
그래서 네가 많은 사람들에게 감동을 주기를 바라는
마음에서 너를 감동이라고 이름 지었단다."

드디어 동감의 주인공인 감동이에 대해서 집중적으로 배울 수 있는 장을 맞이했다.

감동이는 매우 중요한 인물이다.

아무리 지혜가 넘쳐도 감동이가 없으면 사용할 수 없기 때문이다.

감동이라는 말은 누구나 이해하는 말이지만, 사실은 아무나 이해하기는 힘든 말일 수도 있다.

왜냐하면 감동은 그 메커니즘이 오묘하기 때문이다.

우리는 감동의 대상이 나에게 감동을 준다고 생각하기 매우 쉽다.

하지만 어떤 상황이나 경관을 보면서 누군가는 감동의 눈물을 흘리며 맞이하는 사람이 있고, 누군가는 그냥 무덤덤하게 혹은 그것에 진절머리를 내면서 받아들이는 경우도 있다.

어떤 대상이 나에게 감동을 준다면 그런 일은 일어날 수 없을 것이다.

그 대상과 나와의 관계에서만 일어나는 일이다.

즉, 나의 상태에 의해서 선택되어진 것이다.

그런데, '나'라고 하는 것도 시간에 따라 공간에 따라 감정의 기복에 따라 상당히 다른 선택을 취한다.

어린 시절에는 전혀 감동하지 않았을 일에 나이가 들어서 감동을 한다든지, 아니면 어느 때는 별로 감동이 없던 일이 어느 분위기에서는 매우 감동하게 되었다든지 너무도 복잡하게 일어난다.

그러니 사실은 이것을 선택이라고 하기는 매우 어렵다고 느낄 것이다.

그렇다면 이런 질문을 한번 해보자.

"그러면 감동할 때 당신은 기분이 좋은 가요? 아니면 감동하지 않을 때 좋은가요?"

사람들은 너 나 할 것 없이 감동할 때라고 대답한다.

그러면 나는 다시 묻는다.

"그런데 왜 감동하지 않으세요?"

그러면 상대는 이야기한다.

"아, 감동을 할만해야 감동을 하는거죠. 감동할 일이 아닌데 어떻게 감동을 합니까?"

나는 다시 묻는다.

"그런데 이런 상황에서 누군가는 감동할 수도 있잖아요?"

그는 답한다.

"그건 그 사람의 상황에 따라 다르겠죠, 하여간 나는 아니에요."

나는 집요하게 다시 묻는다.

"그러면 누군가 감동하는 사람과 당신, 둘 중에 누가 더 행복할까요?"

그는 조금 심각해진 표정으로 말한다.

"그야, 그가 더 좋겠네요."

나는 그에게 말한다.

"그러니까 감동하세요."

그는 의구심 어린 눈빛으로 내게 묻는다.

"아니, 그런데 감동이 안 되는데 어떻게 감동할 수 있나요?"

아주 이상한 일이다.

만약 당신이 과일 가게에 갔는데, 사과 두 개가 있다고 가정해보자.

하나는 아주 맛있게 생긴 사과이고, 다른 하나는 썩었다.

그런데 어떤 사람이 오더니 두 개의 사과 중에 썩은 사과를 집어들고, 주인에게 가격을 묻는다.

그래서 당신이 참견을 한다.

"아니, 사과 자세히 보세요. 그거 썩었어요."

그러자 그가 대답한다.

"네, 알아요. 하지만 이건 제 돈이고 제가 그냥 썩은 사과를 사겠다고 하는데 당신이 왜 참견하세요?"

당신은 좀 당황스러웠지만, 그 사람이 너무 이상하다는 생각에 다시 말을 이어간다.

"당신 돈이니까 당신 마음대로이지만, 썩은 사과를 사는 바보 같은 짓을 하는 건 좀 아니잖아요?"

그는 당신의 말에 언짢은 듯 말한다.

"아니, 당신 말처럼 나는 내 돈을 가지고 내가 사겠다는데 무슨 상관입니까?"

당신은 괜히 그와 싸울 일이 없다는 생각에 그에게 궁금한 거나 묻고자 질문의 방향을 바꾼다.

"그런데 굳이 썩은 사과를 사야하는 이유가 있나요?"

그는 그제야 뭔가를 깨달은 듯 그에게 말했다.

"그럴 이유는 없네요. 그냥 그랬네요. 당신 말을 듣고 보니까 다른 사과를 사는 게 좋겠네요."

당신은 돌아오는 길에 이 바보 같은 사람을 다시 떠올리며 씩 웃어본다.

그리고 나름 뿌듯해 한다.

이런 얼토당토 않은 일이 있을까?

사실은 우리 주위에서 얼마든지 일어나고 있는 일이다.

모든 순간은 바로 이 사과를 사는 일과 같다.

매 순간이 감사하거나, 감동해서 기적처럼 그 일을 바라보며 행복해 하거나, 혹은 무미건조한 시간을 보낼 수도 있다는 말이다.

아침에 눈을 뜨는 그 순간부터 우리는 위의 세상을 마주하며 다른 시작을 한다.

어떤 이는

"아, 이 지겨운 아침이 또 찾아왔구나."하는 푸념으로 하루를 시작할 수도 있고,

어떤 이는

"아, 또 찬란한 하루가 시작되었구나, 오늘도 감동의 하루를 보내야겠네."라고 생각할 수도 있다.

만약 아침이라고 하는 것이 하나의 인격이라면, 이 아침은 누구에게 찾아갈 때 기분이 좋을까?

당연히 후자일 것이다.

그리고 시간과 사건들이 또한 인격이라면, 누구를 찾아갈 때 행복할까?

당연히 후자일 것이다.

감동이의 엄마는 감동이를 보면서 그냥 감동했을 수도 있고, 감동을 일으켰을 수도 있다. 하지만 감동의 순간, 결과는 같지만 지속성은 다

르다.

이제 조금씩 감동에 대해서 알아보도록 하자.

감동이의 엄마는 감동이가 사랑받으라고 감동이라고 이름을 지었다고 한다.

과연 감동이는 어떻게 감동을 받을 것인가?

2. 감동이는 기분이 좋았습니다.
자신이 다른 개구리들을 감동시키는 능력이 있다는
것을 알고 조금 의기양양해지기도 했습니다.

사람들은 자신들의 능력으로 누군가를 감동시킬 수 있다는 것을 큰 재능으로 여긴다.

어떤 사람들에게 그것은 큰 자부심이 되기도 하고, 그것을 부러워 하기도 한다. 또는 그런 능력을 얻기 위해 노력하기도 하고, 그런 능력을 얻는 데 꽤 많은 돈을 들이기도 한다.

그런 부류의 사람들은 예를 들어 예능인들이나 강사들일 수 있다.

그리고 그들에게는 또한 애환이 있고, 일반인들에 비해서 많은 스트레스를 받기도 한다.

하지만 이것은 조금 이상한 일이기도 하다. 그리고 매우 모순적인 일이기도 하다.

감동을 주는 일은 매우 좋은 일 같지만, 만약 감동을 주지 못한다면 그는 매우 우울해질 것이기 때문이다. 감동을 주지 못하는 것이 왜 우울한 일이 되어야 하나?

감동을 주는 것에 어떤 조건이 동반된다는 것은 조금 모순적인 일이 된다. 감동을 주어야 돈을 벌 수 있다는 것은 더더욱 모순이 된다.

자본주의 사회에서 모든 것이 돈으로 평가될 수도 있겠지만, 감동을 준다는 것이 돈이 된다는 이야기는, 감동을 주지 못해서 슬퍼진다는 것이 결국 돈을 못벌어서 슬퍼진다는 것과 연결되게 되는데, 그렇게 되면 감동을 주는 행위가 돈벌이의 행위가 되므로 돈을 벌기 위해 감동을 주려고 한다면 과연 그것에 감동하는 것은 진정한 감동인가? 하는 의문을 들게 한다.

감동은 그야말로 감정의 움직임, 다시 말해 평범하던 감정이 긍정적인 곳으로 움직이는 것인데 이것의 가장 중요한 포인트는 진정성일 것이다.

그런데 이 진정성이 과연 돈을 벌기 위해 감동을 주는 행위를 통해 발산될 수 있을까?

그렇다면 우리는 감동시키는 능력이 길러져야만 하는 것일까?

어린아이를 한번 생각해보자.

어린아이가 걷기까지는 8,000번 정도를 넘어진다고 한다.

그런데, 아이들은 원래 걸을 수 있었던 것이 아니라 기어다니다가 걷게 된다.

기어다니던 아이가 걷기 위해 일어섰다가 넘어지게 되면 아플 것이다.

아픈데도 다시 일어나서 걷는다.

이유가 무엇일까?

본능적인 것일까?

그것은 다름 아닌 엄마의 감동 때문이다.

엄마의 감동은 아이들이 걷게 만든다.

이 지점에서 여러분은 선뜻 동의를 하지 않을지도 모른다. 하지만 이것은 과학적으로 입증된 사실이다.

학자들은 유인원을 비롯한 동물들이 태어나면서부터 인간보다 똑똑하다는 것을 발견했다. 그들은 심지어는 태어나자마자 서서 걷고 뛰어다닐 수도 있다. 유인원 중에는 인간의 지적 수준을 훨씬 뛰어넘는 재능을 보이는 종도 종종 발견된다. 그런 점에서 학자들은 의문이 생겼다. 그 의

문은 다름이 아니라, 그렇게 뛰어난 종족들이 왜 인간의 지배를 받고 살아가느냐는 것이었다.

그런 의문은 머지 않아 풀렸다.

그것은 인간의 아이들과 유인원의 새끼들에게 같은 조건에서 블록 쌓기 놀이를 시킨 후에 발견된 결과로써 해결되었다.

이 실험은 말이나 글로서 알수 없는 그들의 지능과 잠재력을 알게 해주는 역할을 하는 것인데, 이 실험에서 오직 인간의 아이들만이 블록 쌓기에 흥미를 가지고 열심히 하는 반면, 유인원의 새끼들은 전혀 흥미를 느끼지 않는다는 것이었다.

그 이유는 다름 아닌 어미들의 반응이었다.

오직 인간의 엄마들만이 자신의 자녀들의 작은 행동에도 관심을 가지고 감동해주었다.

유인원의 어미들은 새끼들의 블록놀이에 전혀 관심을 보이지 않았다.

즉, 엄마의 감동하는 능력이 아이들의 지적능력을 깨운다는 것이다.

이 능력은 거기서 멈추지 않고, 아이들을 걷게 하고 말하게 한다.

이것은 다수의 가정 폭력에서 증명되었는데, 방임된 아이들에게서 발견되는 현상 중의 하나는 언어발달 장애가 흔히 관찰 되었고, 심하게 방임된 경우에는 걷지 못하는 경우도 발견되었다.

이것을 요약해서 말하자면, 엄마의 감동하는 힘이 당신의 오늘을 있게 했다는 것이다.

그런데 엄마에게는 왜 감동하는 힘이 생겼을까?

그것은 아이러니하게도 인간이 미숙아로서 태어나기 때문이다.

즉 인간은 엄마의 보살핌이 없으면 죽고 만다.

다른 동물들은 대부분 스스로 알아서 젖을 찾고 살 궁리를 할 수 있지만, 인간은 엄마가 없으면 죽는다.

다시 말하면, 이때 엄마는 존재감이 최고에 다다른다.

자신이 없으면 누군가 살 수 없을 정도의 존재감이 엄마에게 생기는 것이다.

말 그대로 슈퍼히로인이 되는 것이다.

그러니까 감동이가 이야기하는 감동을 시키는 능력은 다름 아닌 부족함이었던 것이다.

자신의 부족함이 자신을 살리게 되는 아이러니한 일이 일어나고 있었지만, 우리는 그것을 발견하기에 뭔가 부족하다.

이제부터 그 능력을 좀 더 알아보자.

3. 감동이는 다른 개구리들에게
감동을 전해주기로 하고 집을 나섰습니다.
얼마 후 지친 기색으로 집에 돌아온 감동이는
엄마에게 물었습니다.
"엄마, 제가 아무리 감동을 주려 해도 개구리들이 감동을
받지 않아요. 왜 그런 거죠? 제 이름이 잘못됐나 봐요."

감동이는 집을 나서기 전 얼마나 의기양양했는가?

그런데 우리가 앞서 살펴본 것처럼 감동이는 뭔가 착각을 하고 있다.

그 착각은 우리에게 매우 흔하게 일어난다.

하지만 감동이에게 진정성이나 순수함마저 없지는 않았을 것이다.

다시 말해서, 감동을 주는 능력을 통해서 돈을 벌거나 하려는 생각은 없었을 것이라는 말이다. 하지만 감동이는 실패하고 만다.

이유가 무엇일까?

진정성도 있고, 모든 것을 갖춘 것 같았는데, 왜 감동이는 실패하게 되었을까?

그것은 다름 아닌 인식의 문제에 있다.

감동이가 감동을 주려고 하는 이유는 무엇일까?

사람들은 모두가 다른 사람들에게 좋은 존재가 되고 싶어한다.

좋은 존재로서 타인에게 인식되고 싶어하는 것이다.

왜 좋은 존재로서 타인에게 인식되고 싶어할까?

그것은 아이러니하게도 타인에게 좋은 존재로서 인식되면, 그는 스스

로를 좋은 존재로 여기게 된다.

　이것은 매우 이상한 일이다. 하지만 현대를 사는 어떤 사람도 이것을 이상하게 느끼는 능력이 결여되어 버렸다.

　그것은 자신의 존재가치가 타인에 의해서 결정되는 것을 그대로 인정하면서 그것을 아무런 의구심 없이 받아들이는 일이다.

　이를 어찌 이상한 일이 아니라고 할 수 있을까?

　이는 마치 누군가 자신을 나쁜 사람이라고 하면 자신은 나쁜 사람이 되고, 좋은 사람이라고 하면 좋은 사람이 되는 이치와 같게 된다.

　이 얼마나 이상한 일인가?

　얼마전 방송에서는 우울증에 걸린 연예인들의 이야기를 다루었다.

　그 내용은 조금 이상한 것이었다.

　우울증에 걸린 연예인들이 우울증에 걸린 메커니즘은 다름이 아니라, 팬들이 자신을 사랑해 주지 않으면 자신에게 문제가 있다는 생각에 슬퍼지고 우울에 빠졌다가, 회복될 때는 다시 팬들에게 사랑을 받게 되는 때인데, 그러면 회복이 일어난다고 한다.

　이 얼마나 웃기는 이야기인가?

　왜냐하면 문제가 원래 있는 것이 아니라, 사랑을 받을 때는 문제가 없다가 사랑을 받지 못하게 되면 문제가 생긴다니 말이다.

　그렇다면 진짜 문제는 무엇인가?

　그것은 다름 아닌 사랑을 받지 못한 것이 가장 문제이다.

　하지만 더 큰 문제는 바로 사랑을 받고 싶어하는 마음이다.

　사랑을 받고 싶어하는 마음이 크면 클수록, 그것을 만족시킬 사랑은 더 커져야 하기 때문이다.

　즉 사람들은 이처럼 타인의 인식에서 좋은 사람으로 인식되는 것을 실제로 자신이 좋은 사람이 되었다고 인식하고, 타인의 인식에서 나쁜 사람으로 인식되는 것을 실제로 자신이 나쁜 사람이 되었다고 인식한다는 것이다.

그러므로 감동이는 이기기 힘든 싸움에 나서게 된 것이다.

그러므로 감동이에게는 실망만 왔을 것이다.

얼마나 힘든 일이었겠는가?

현대를 살아가는 우리 모두는 이 감동이처럼 이상한 모순에서 스스로 외로워하며, 괴로워하고 있다. 누군가에게 좋은 사람이 되고자 애쓰다가 실패하면 괴로워하고 죽고 싶어한다.

누군가에게 좋은 사람이 된다는 것은 힘든 일이지만, 가능할지도 모른다.

하지만 정작 사람들을 괴롭히는 것은, 나에게 아무런 영향력이 없을 것 같았던 사람에게조차 비난이나 비판을 받으면 괴로워진다는 것이다.

이것이 자신을 함정에 빠뜨린다.

즉, 모든 사람은 자신이 아는 혹은 모르는 사람에게조차 좋은 사람이 되고자 한다는 것이다.

다시 말해서 모두에게 사랑 받아야지만 행복한 존재로서 자신을 느끼고 있는 것이 현대인이라는 말이다. 그러니 우리의 삶은 얼마나 괴로울까?

4. 엄마는 빙그레 웃으며 말했습니다.
"감동아, 엄마는 너에게 매번 감동을 받는데,
개구리들은 왜 너에게 감동받지 않을까?
엄마가 감동을 받은 것을 너는 어떻게 아니?"

감동이가 받은 상처에 엄마는 매우 냉정하다. 심지어 웃기까지 한다.
왜냐하면 감동이는 지금 뭔가 큰 오해를 하고 있기 때문이다.
하지만 엄마는 감동이 스스로 자신의 오해를 풀 수 있도록 기다린다.
이것이 조련사인 엄마이다.
자신의 용맹함을 드러내지 않는다.
그냥 스스로 그가 알 때까지 기다린다.
기다림, 이것이 현명한 엄마이자 조련사의 미덕인지도 모른다.
이 현명한 엄마는 왜 기다릴까?
그것은 그가 이미 알고 있다는 사실을 알고 있기 때문이다.

그렇기 때문에 조금도 조급함이 없다. 감동이는 이미 알고 있지만, 지금 감동이는 자신이 그것을 알고 있다는 사실을 아직 모른다.

참 재미있게도 감동이가 뭔가를 알고 있다는 생각을 했을 때 감동이는 아무것도 알 수 없었고 자신의 무능함을 스스로 느끼게 되었으며 지쳐서 집에 돌아와 자신이 모른다는 사실을 알게되는 순간 감동이는 그때부터 새로운 앎이 일어나게 된다.

그래서 엄마는 빙그레 웃으면서 묻는다.
"감동아, 엄마는 너에게 매번 감동을 받는데 개구리들은 왜 너에게 감동받지 않을까?"라고 말이다.

이 말은 감동이에게 깊이 생각해 보라는 말이다.

집에서 감동이가 하는 일이 뭐가 그리 특별한 일일까?

하지만, 엄마는 감동이가 하는 별일 아닌 일에 계속 감동했을 것이다.

그것은 당신의 부모님이 당신에게 해주었던 일일 수도 있고, 혹은 당신이 당신의 자녀에게 해주는 일일 수도 있다. 그것은 당신이 기억을 하거나 못하거나 관계 없다.

당신은 그렇게 성장했을 것이다.

그렇게 성장하지 않았다면, 이 책을 읽을 기회가 당신에게 주어지지 않았을 것이다.

엄마가 감동이에게 감동을 받는 일은 당연한 일인데 친구들에게는 왜 당연한 일이 아닐까?

엄마에게는 감동이의 몸짓 하나 하나가 감동의 요소가 될 수 있다. 하지만, 친구들에게는 아무런 의미가 없다.

이유는 아주 간단하다.

그것은 사랑이다.

그러니까, 결국 감동력은 사랑이다. 넘치는 사랑, 그것이 바로 감동이다.

엄마는 자상하게도 다시 질문함으로써 감동이가 깨닫도록 돕는다.

"그럼, 엄마가 감동을 받은 것을 너는 어떻게 아니?"라고 말이다.

이 질문은 엄마가 주는 힌트이다.

이처럼 현명한 조련사는 호랑이에게 길을 알려줄 때 바로 알려주지 않는다.

수많은 질문을 주고 그것을 밟아갈 때, 길이 밝혀진다.

이제 감동이는 그 길을 어떻게 찾아가는지 보자

5. 감동이는 대답했습니다.
"엄마의 표정과 말과 엄마가 나를 사랑하는 모습을 보고 알지요."

지금 감동이가 하는 말은 감동을 받는 사람이 보여주는 표현이다.

그것은 다시 말하면, 감동을 받은 사람은 행복해진다는 말이다.

감동을 주는 사람이 행복해진다는 우리들의 통념을 송두리째 깨는 생각이다.

이것이 바로 감동력이다.

감동하는 힘은 타인을 배려하기 위해서 하는 일이 아니어야 한다.

단지 타인을 배려하고 타인이 자신에 대해서 좋은 감정을 가져 주기를 바라는 마음으로 그런 표정과 말을 한다면, 그것은 바로 가식이 된다. 하지만 진짜 감동의 힘은 타인을 배려하는 것이 아니라, 그냥 자신이 매우 기분이 좋고 행복해지는 것이다.

그러면 감동을 주는 사람의 능력 때문이 아니라 감동을 받는 사람의 능력 때문에 감동하는 능력이 생기게 되고 행복하게 되지만, 정작 아무 능력도 없지만 감동을 주었던 이 사람에게도 새로운 능력이 생기게 된다.

이것이야 말로 마법이다.

이것은 마치 동화에서 마녀가 왕자에게 마법을 걸어 개구리로 만드는 것과 같다.

마녀는 왕자에게 마법을 부려 개구리로 만들고 왕자는 우여곡절 끝에 마법에서 벗어난다.

이것은 매우 비현실적으로 보이지만, 실제로 우리의 세상에서 일어나는 일이다.

누군가 당신에게 "당신 참 개구리 같아 보여요." 하고 말하는 순간 당신은 얼굴이 일그러질 것이다.

당신의 마음은 벌써 개구리가 되어버린 것이다.

하지만 그것이 맘에 들지 않아 버럭 화를 내면, 당신은 화난 개구리가 될 것이다.

이것이 당신이 만나는 현대판 마법이며, 이런 마법은 우리 삶에서 매우 흔한 것이다.

지금 감동이와 엄마에게 일어나는 일도 이와 같은 마법이다.

6. "그렇구나. 감동은 주는 것보다 받는 것이
더 기쁜 일이구나.
그러면 너는 감동을 받은 엄마를 볼 때 기분이 어떠니?"
엄마가 물었습니다.
"당연히 기분이 좋죠."
감동이가 대답했습니다.

이제 엄마는 감동의 비밀을 하나씩 감동이에게 이야기해 준다.

자녀를 키워 본 엄마라면 누구라도 알 것이다.

자녀를 보면서, 감동하면서 자녀가 알아줬으면 좋겠다는 생각을 하는 부모는 없을 것이다.

단지 그 순간, 그것만으로 부모에게는 큰 기쁨이 된다.

물론 자녀도 기쁘고 행복할 것이다. 하지만 그것에 연연해 하는 것이 아니라는 것은 분명하다. 그냥 부모는 감동하는 것으로 매우 기쁘다.

블록을 잘 쌓아가는 것을 보는 것이 기쁜 것이 아니라, 블록을 쌓고 있는 그 행위 하나하나가 기쁨이다.

쌓다가 무너져도 관계 없다.

아이가 걷기 위해 일어나서 한 발짝을 뗄 때 엄마는 감동의 박수를 칠 것이고, 넘어지면 더 큰 박수를 칠 것이다.

이것이 아이를 다시 일어나게 하는 마법의 주문이다.

어느날 아이가 "빠, 빠" 하는 소리를 듣고 엄마는 회사에서 돌아온 아빠에게 이야기한다.

"오늘 얘가 아빠, 했어요." 아빠는 기뻐서 아이를 보면서 '아빠' 해보라고 말한다.

그러면 아이가 웃으면서 말한다. "엄마, 엄마"

아빠는 웃으며 장난의 푸념을 한다.

하지만 몇일이 지나면 아이는 여지 없이 "아빠, 아빠"를 외칠 것이다.

당신은 말 못하는 사람에게 말을 하게 만들고, 걷지 못하는 사람을 걷게 만드는 신과 같은 존재이다.

당신이 이처럼 기뻐하는 동안 아이들은 또 기뻐한다.

이것이 바로 시너지이다.

사랑의 시너지가 일어나는 것이다.

7. "감동아. 감동을 받는 게 쉬울까? 주는 것이 쉬울까?"
하고 엄마가 묻자 감동이는 "감동하는 거요!" 하고
큰 소리로 대답했습니다.
"감동아, 그렇구나. 감동하는 것이 훨씬 쉬운 일이고,
감동하는 것이 훨씬 기쁜 일이고, 감동하면 감동을
준 개구리는 너를 좋아하게 되는구나."

엄마는 또 이야기한다.

감동이는 감동을 주기 위해 나섰다가 어려움을 겪고 풀이 죽어 집에 돌아왔다.

하지만 그것은 매우 어려운 일이고 그 어려운 일은 해내기도 어렵지만, 해내도 모순이 일어난다. 엄마는 지금 감동이에게 그 이야기를 들려주고 있다.

이제 감동이는 뭔가 제대로 알아들은 것 같다.

그래서 큰 소리로 대답한다.

엄마는 다시 한번 정리해서 말해준다.

감동을 하는 것이 쉬운 일이기도 하지만, 감동을 주는 것보다 더 기쁜 일이라는 것이다.

그것은 너무나 당연한 것이다.

여러분이 감동적인 영화를 봤을 때, 여러분은 감동할 것이다. 그리고 매우 기분이 좋을 것이다. 하지만 힘든 일인가?

아마 별로 힘든 일은 아닐 것이다.

감동을 하기 위해서 필요한 마음은 그냥 겸손한 마음밖에 없다.

하지만 영화를 만드는 일은 어떨까? 특히 많은 사람들에게 감동을 주는 영화를 만드는 것은 어떨까? 매우 어려운 일일 것이다.

그렇기에 흥행을 하는 영화가 드문 것일 게다.

어떤 사람은 들에 핀 꽃을 보면서도 감동한다.

들에서 꽃을 피우는 것도 그리 쉬운 일은 아닐 게다.

하지만 그 꽃을 보는 일은 매우 쉬운 일이다.

그리고 그가 그 꽃을 피우기 위해 했던 긴 몸부림을 생각하는 누군가에게 그 꽃은 감동이 될 것이다.

또한 그가 감동하는 모습을 보면서 아마 꽃도 기분이 좋을 것이다.

그것이 감동의 비밀이다.

감동은 누구에게 나를 좋아하라고 강요하지 않는다. 하지만 내가 감동하게 되면, 그는 분명 나를 좋아하게 된다.

그것은 그가 나를 좋아해 줄 것을 조건으로 감동하는 것이 아니다.

그냥 하는 것이다.

그래서 감동은 순수해야 한다.

그러면 무조건 승리한다.

하지만 뭔가 조건이 있으면, 그는 성공할 수도 있고 실패할 수도 있다.

그렇기 때문에 무조건 실패했다고 나는 표현한다.

8. 이야기가 채 끝나기도 전에 감동이가 문을 열고 나가며 소리쳤습니다. "엄마, 저 감동하고 올게요."

이제 감동이에게는 자신감이 생겼다.

감동이는 자신의 이름을 제대로 이해하게 된 것이다.

이것이 바로 감동력이다.

대기업의 임원으로 있던 어떤 선배가 나에게 묻는다.

"내가 면접을 보는데 한번에 영업을 잘할 것 같은 친구를 알아보는 방법이 있을까?"

나는 대답했다.

"제가 사람들을 겪은 바로는 감동을 잘 주는 친구들이 영업도 잘합니다. 감동을 잘 주는 친구들을 뽑아보세요."

선배가 다시 묻는다.

"그런데 한번 보고 어떻게 감동을 잘 줄지 아닐지를 알 수 있지?"

나는 잠시 생각하다가 이야기를 이어갔다.

"감동을 잘 받는 친구가 감동을 잘 줍니다. 감동적인 이야기를 한번 들려주신 다음에 피드백을 한번 받아보세요. 그리고 그 피드백이 가장 좋은 친구를 한번 뽑아 보세요."

몇 달 후 그 선배에게 전화가 왔다.

"네 말이 딱 맞았어. 내가 너의 말을 듣고 딱 그런 친구를 뽑았더니, 글쎄 영업을 정말 잘하더라고."

감동을 잘 받는다는 것은 일상의 삶에서 어떤 것일까? 그것은 다름 아닌 감사이다.

일상에 감사하는 능력이 생기게 되면, 우리에게는 이 감동하는 능력이 생기게 된다.

이 감사하는 능력은 우리의 삶에서 도무지 찾기 힘들었던 행복의 보석들을 찾게 만든다.

그리고 자신의 삶에서 이 행복의 보석들을 하나씩 둘씩 찾아내다 보면, 어느새 당신의 삶은 행복한 삶이 되어 갈 것이다.

하지만 눈을 밖으로 돌려 자신에게 없는 것들을 바라보고 시기하고 비판하는 동안, 당신의 삶은 송두리째 악마에게 저당잡힌 채 살아가게 될 것이 뻔하다.

엄마의 이 말들을 명심해야 한다.

그것은 당신이 그냥 해도 되고 안 해도 되는 그런 이야기를 하는 것이 아니다.

다만, 그것은 증명 될 뿐이다.

그것을 행한 사람에게서 성공으로 증명되고,

그것을 행하지 않은 사람에게는 실패로써 말이다.

당신이 어느 편에 서든지 간에 그것은 나의 영역이 아니지만, 당신이 한번 해보기를 간곡히 바래본다.

Self 심리상담

1. 당신이 감동했던 순간을 떠올리고, 내용과 느낌을 적어보세요.

감동했던 순간을 한번 떠올려 보니, 기분이 어떤가요?

감동의 순간은 큰 벅찬 감격의 순간이 될 수도 있지만, 이곳에서 떠올리게 하고 싶은 것은 소소한 일상의 감동입니다. 그냥, 아이가 당신을 향해서 웃어준 일, 혹은 엄마가 당신을 위해 아침부터 지친 몸을 일으켜 밥을 짓고 있는 모습, 그런 소소한 일상들의 감동, 그런 것들을 얼마나 많이 발견하고 있나요?

감동은 마음이 움직인 것을 의미합니다.

마음이 움직였다는 것은 살아 있다는 것을 의미합니다.

감동 없는 삶은 죽은 삶입니다.

소소한 감동으로부터 시작된 삶의 역동은 당신을 행복의 길로 안내할 것입니다.

2. 자신이 다른 사람에게 감동을 주었던 경험과 느낌을 적어보세요.

이 질문에 답을 적기는 매우 어려울 수 있을 것입니다. 대부분의 사람들은 자신이 어떤 사람들에게 감동을 주기란 매우 힘든 일이라고 생각합니다.

그런데 사실은 아주 쉽게 우리는 감동을 주었던 경험들이 있습니다.

우리도 모르는 사이에 말입니다.

그것은

우리가 이제 막 태어났을 때,

우리가 이제 막 걸었을 때,

우리가 이제 막 엄마, 아빠라고 불렀을 때.

우리는 자신도 모르는 사이에 감동을 주는 주체였습니다.

당신이 태어났을 때를 생각해 보세요. 그저 태어난 것만으로 당신은 최고의 선물이었습니다.

감동은 우리의 능력으로 주는 것이 아닙니다.

그의 능력으로 받는 것입니다.

그래서

그 능력이 바로 '감동력'입니다.

3. 당신의 이야기 덕분에 자신의 생각이 바뀌었다고 고백한 사람을 만난 적이 있나요? 그런 때와 그 내용을 적어보세요.

누군가 당신의 이야기에 귀 기울이고 이렇게 고백했다고 한번 생각해 보세요.

"듣고 보니 당신의 생각이 맞다고 여겨지네요."

이런 말을 듣게 된다면, 당신은 그를 어떻게 생각하게 될까요?

아마 당신은 그를 좋아하게 될 것입니다.

왜 당신은 그를 좋아하게 될까요?

그는 단지 당신 때문에 자신의 생각이 바뀌었다고 고백했을 뿐인데 말입니다.

이 이상한 마음의 게임은 이런 식입니다.

마치 내가 이긴 것 같은데, 실제로는 내가 져버린 것 같은 그런 식 말입니다.

혹은, 내가 진 것 같은데 실제로는 이기게 되는 그런 식 말입니다.

실제로는 이기지도 지지도 않습니다.

마음의 법칙을 꿰뚫고 있으면 늘 이기고, 늘 행복합니다.

감동을 하는 사람은 지는 사람 같지만, 늘 이기는 사람이면서 이겼다고 과시하는 사람도 아닙니다.

　행복한 사람이 이기는 사람입니다.

4. 감동하는 능력을 발휘한 경험이 있다면 언제였으며, 그때의 느낌을 적어보세요.

감동하는 능력은 인위적으로 나오는 능력은 아닙니다.
진정성이 기반되지 않는다면 가식이 될 수 있기 때문이기도 합니다.
그럼에도 불구하고 당신은 이 능력을 발휘해야 합니다.
사실 이 능력은 거창한 능력 같지만 아주 쉬운 능력이며,
별것 아닌 능력 같지만 아주 대단한 능력입니다.
위의 말에서 모순을 느끼신다면 설명을 해드리죠.
이 능력이 쉽게 표현되는 것은 바로 감사입니다. 작은 일에 감사하는 겁니다.
식당에서 서빙하는 청년에게, 아침에 밥 차려주는 엄마에게, 앞서가며 나를 위해 문을 잡아주는 이에게 진심을 다해 감사하는 것입니다.
이 감사만 제대로 하면 모든 병이 사라집니다.
왜냐하면 감사하는 동안 당신의 심장이 어느 때보다 안정적일 것이며, 당신의 뇌에서는 세로토닌이 분비되고 있을 것이기 때문입니다.
그런데 이 쉬운 행위가 주는 혜택은 여기서 그치지 않습니다.
당신에게 모든 좋은 기운을 모아서 행운을 선사할 것입니다.
간단히 생각해 보십시오.
당신의 진심어린 감사를 듣고 기분 나빠할 사람이 있을까요?

모든 행운은 매개체가 있습니다.

그 매개체가 바로 사람입니다.

사람들이 당신에게 자신도 모르는 사이에 행운을 안겨다 줄 것입니다.

5. 감동하는 능력을 기를 수 있는 방법은 어떤 것이 있을까요?

이 능력을 기르는 방법에 관하여서는 많은 사람들이 이미 제시해 왔고, 수많은 사례들을 통해서 검증되어 왔습니다.

짐작이 가시죠?

너무 쉬워서 아무도 안 합니다. 하지만 하는 사람들은 이미 알고 있습니다.

그것이 얼마나 위대한 변화를 가져오는지 말입니다.

이 위대한 비밀을 말해줘도 사람들이 잘 하지 않기 때문에 그냥 알려 줍니다.

사람들은 어차피 안 할 테니까 말입니다.

당신도 분명히 안 할 것입니다.

하지만, 안타까워 할 일도 아닙니다.

어차피 당신의 삶이니까 말입니다.

그것은 바로 감사 노트를 적는 것입니다.

하루 세 명의 사람들에 대하여 감사의 내용을 적어봅니다.

한발 더 나아가, 제가 제시하는 방법은

그에게 무엇을 배웠는지 적는 겁니다.

그에게 감사한 일과, 그 일을 통해서 배운 것들을 매일 적어 보십시오. 그것들이 하나씩 적히는 동안, 당신의 삶은 하나씩 바뀌어 갈 것입니다.

Chapter 10

방안에 불커키

감동이가 밤에 창밖을 바라보고 있었습니다.
달빛에 빛나는 연못 풍경을 보며 생각에 잠겼습니다.
달빛이 환하게 비친 연못은 반짝반짝 빛났습니다.

밤늦도록 잠에 들지 않는 많은 개구리와 곤충들이
시끄럽게 소리를 내고 있었습니다.

엄마가 말하는 소리가 들렸습니다.

"감동아. 네 방 안에 있는
엄마 돋보기 좀 가져다줄래?"

감동이는 방 안에서 돋보기를 찾아보았지만,
달빛이 들지 않는 어두운 방 안에서
돋보기를 찾는 것은 어려운 일이었습니다.

감동이는 엄마에게 방 안이 어두워서
돋보기를 찾을 수 없다고 말했습니다.

그러자 엄마 개구리는 반딧불이 몇 마리를
감동이에게 주었습니다.
방안이 반딧불이의 빛으로 밝아지자
감동이는 금세 돋보기를 찾을 수 있었습니다.

그리고 나서 감동이가 밖을 바라보자,
밖은 아까처럼 잘 보이지 않았습니다.
달빛은 여전했지만, 방 안이 밝아지자,
밖은 잘 보이지 않아졌습니다.

감동이는 엄마를 불렀습니다.

"엄마. 이상한 일이 일어났어요.
아까까지 밝던 바깥이 방 안이
밝아지니까 잘 보이지 않아요."

엄마는 빙그레 웃으며 말했습니다.

"네가 생각을 깊이 할 때
엄마가 부르는 소리가
들리지 않는 거랑 같지 않을까?"

감동이는 뭔가를 깨우친 듯 말했습니다.

"아, 그러니까 엄마가 저를 사랑하니까
제가 부족한 부분도 보지 않고
안아 주는 것과 같은 거네요?"

동화 따라 배워보기

1. 감동이가 밤에 창 밖을 바라보고 있었습니다.
달빛에 빛나는 연못 풍경을 보며 생각에 잠겼습니다.

  감동이는 밤에 창 밖을 바라보고 있다. 그리고 밖은 달빛으로 환하게 빛나고 있다.
  세상은 이와 같이 우리를 유혹한다.
  유혹은 참 재미있다.
  우리를 설레게 하고, 들뜨게 한다.
  그것은 우리에게 큰 착각을 일으키게도 한다.
  그 착각은 지금의 삶보다 더 행복한 삶이 있다고 우리에게 속삭이는 것 같다.
  그리고, 나로 하여금 나의 세상에서 빠져나와 다른 세상을 한번 경험해보라고 이야기하는 듯하다.
  하지만, 나의 세상도 모르는 나로서는 밖의 세상이 그리 중요한 것이 아니다. 왜냐하면 아직 나는 나의 세상도 다 알지 못하기 때문이다.
  우리를 들뜨게 하는 것은 다름 아닌 기대이다.
  전학온 기대는 우리가 보는 것, 듣는 것, 맡는 것, 맛보는 것, 느끼는 것에 따라 그곳에 가라고, 그것을 더 느끼라고 나를 유혹한다.
  지금 있는 곳보다 더 행복한 곳이 있으니까 자리를 옮겨서 다른 곳으로 가보라는 것이다.
  달빛에 빛나는 연못은 감동이에게 무슨 말인가를 건네고 있는 것이다.

> 2. 달빛이 환하게 비춘 연못은 반짝반짝 빛났습니다.
> 밤늦도록 잠자지 않는 많은 개구리들과 곤충들이
> 시끄럽게 소리를 내고 있었습니다.

밤이 되면 으레 자야 할 많은 곤충들까지 시끄럽게 소리를 내고 있다. 그것은 바로 이 달빛 때문이다.

이 달빛은 연못이 있는 숲의 곳곳을 비추며 어둠을 몰아낸다.

하지만, 이렇게 숲의 어둠이 밀려서 나갈수록 아이러니하게도 나의 방에는 어둠이 밀려온다. 연못은 반짝반짝 빛이 난다.

우리의 세상도 이토록 빛이 난다.

도심을 지나다 보면 반짝반짝 빛나는 대리석들로 많은 건물들이 위용을 뽐낸다.

그런데 그 대리석 작업을 하고 있는 현장을 생각해 보자.

대리석을 갈아내는 동안 대리석이 지르는 비명인지, 그것을 자르는 칼이 지르는 비명인지 모르는 굉음이 귀를 점령하고, 이내 그들이 흘린 눈물들이 먼지가 되어 공간을 가득 채울 것이다.

무심코 지나쳤던 아름다운 유혹 뒤에 깊은 슬픔들이 묻어 있다.

달빛은 참 좋다. 하지만 달빛으로 인해 별들은 모두 숨는다.

그리고 철없는 개구리들과 곤충들은 지금이 밤인지 낮인지 구분도 하지 못한 채 소리를 지르며 축제를 즐기고 있다.

이것이 우리들의 세상이 아닌가?

서로를 유혹하기 위해 앞다투고 있는 우리의 실상, 그리고 유혹의 승리자가 결국 승자가 되지도 못하는 현실을 매번 경험하면서도 우리는 또 불나방처럼 불로 덤벼든다.

불로 덤벼들었던 불나방들이 처참하게 불에 타서 사라졌다는 사실을 뛰어들고 있는 불나방은 알지 못하고, 그것을 보고 있는 누구도 알지 못한다.

왜냐하면, 나방들이 모두 비슷비슷해서, 뛰어든 놈이 죽은 것이 아니라, 마치 그놈이 죽지 않고 다시 뛰어들고 있는 것처럼 보이기도 하기 때문이다.

3. 엄마가 말하는 소리가 들렸습니다.
"감동아, 네 방 안에 있는 엄마 돋보기 좀 가져다줄래?"

　한참 생각에 잠겨 있던 감동이에게 엄마가 말을 걸었다.

　감동이는 무슨 생각을 하고 있었을까?

　아마 감동이도 달빛에 빛나는 바깥 풍경에 현혹되어 있었을 것이다.

　하지만, 엄마의 소리에 깨었다.

　엄마는 감동이의 방에 있는 엄마 돋보기를 가져다 달라고 말한다.

　왜 엄마의 돋보기가 감동이의 방에 있을까?

　엄마가 둔 것일까? 감동이가 가져간 것일까?

　만약 엄마가 둔 것이라면, 왜 엄마는 돋보기를 감동이 방에 두었을까?

　엄마는 감동이의 방에서 무엇을 했는지 모르지만, 감동이를 위한 무언가를 했을 것이다.

　가령 책을 읽어주었거나, 아니면 바느질을 했거나 말이다.

　그러니까 엄마가 두었다면, 감동이 방의 엄마 돋보기가 상징하는 것은 희생이다.

　만약 감동이가 엄마 돋보기를 가져갔다면, 그것은 왜였을까?

　감동이에게는 돋보기가 필요한 정도는 아니었을 텐데, 뭔가 더 작은 것을 관찰할 필요가 있었을 것이다.

　그것은 호기심이다.

　위의 어떤 경우라도 돋보기는 작은 것을 크게 보기 위한 것이다.

　육안으로는 볼 수 없는 그것을 육안으로도 볼 수 있게 인위적으로 만든 것이 바로 돋보기이다.

돋보기를 통해서 보이지 않는 세계를 보게 된다.

감동이는 보이는 세계에 정신이 팔려있다.

하지만, 엄마는 지금 보이지 않는 세계를 보는 도구를 가져오라고 한다.

정말 절묘한 조화가 아닌가?

4. 감동이는 방 안에서 돋보기를 찾아보았지만 달빛이 들지 않는 어두운 방 안에서 돋보기를 찾는 것은 어려운 일이었습니다.

감동이의 방은 달빛이 들어오지 않는다.

그래서 감동이는 돋보기를 찾는 데 어려움이 있다.

참 아이러니하다.

밖이 밝으면 밝을수록 안은 어두워진다.

더욱이 감동이의 눈은 지금까지 밖을 보고 있었기 때문에 안을 잘 볼 수가 없다.

또 한 가지 아이러니한 것은 돋보기이다. 잘 보기 위해 필요한 돋보기조차 잘 볼 수 없게 된 것이다.

마치 불이 꺼진 방에서 초를 찾는 것과 같다. 초가 불이 켜져 있다면 초를 잘 찾을 수 있겠지만, 그냥 어두우면 초도 찾을 수 없는 것은 매한가지이다.

당신에게 지혜가 있다면 지혜를 찾기 쉽겠지만, 지혜가 없기 때문에 지혜를 찾기 어려운 것과도 어쩌면 통할 수 있다.

돋보기는 다른 사물을 보는 도구이다.

자신을 보는 도구가 아니다.

돋보기는 비판의 상징일 수도 있다.

우리는 누구나 돋보기를 가지고 있다. 그래서 늘 다른 사람들을 비판하는 것은 매우 쉽다.

당신이 특별한 능력을 가져서가 아니라, 그냥 얻어지는 능력이다.

호랑이라면 누구나 갖는 능력이라는 말이다.

그래서 호랑이는 돋보기를 가지고 늘 남의 호랑이들의 약점을 보아왔다.

그리고 그것을 잘 비판하는 호랑이들이 현실세계의 지배자들인 것처럼 비춰져왔고, 그들이 승리자였다.

하지만, 그들의 실상을 보라.

그들은 스스로의 모습을 보지 못하는 한낱 호랑이에 불과하다.

그러니 스스로를 보는 돋보기는 더더욱 찾을 수 없을 것이다.

5. 감동이는 엄마에게 방 안이 어두워서 돋보기를 찾을 수 없다고 말했습니다.

이렇듯 호랑이들은 이유가 분명하다.

어두워서 못 찾는 것이다.

방 안에 불을 켜는 방법을 알지 못한다.

아니면, 모른 척할 수도 있다.

왜냐하면, 자신의 방을 보기 싫어하는지도 모른다.

지금 당신이 청소년이라면, 혹은 당신이 청소년이었을 때, 부모님들이 당신의 방을 보면서 뭐라고 했을까?

아마 폭풍 잔소리를 들려주었을지도 모른다.

이것은 무슨 말인가?

당신에게는 아무렇지도 않은 그 방이 당신의 부모님에게는 어수선한 방일 수 있다는 것이다.

그래서 감동이는 그냥 찾기 싫었을지도 모른다.

즉 돋보기를 찾기 위해서 켠 방 안의 불이 자신의 치부를 들춰낼 수도 있기 때문이다.

이것이 감동이가 두려워하는 것일지도 모른다.

하여간 감동이가 의도적이건 그렇지 않건 일단 지금까지는 방 안이 어두운 것은 사실이다. 그리고 그렇게 어두운 방에서 돋보기를 찾는 것도 어려워 보인다.

그래서 감동이는 그것이 할 수 없는 일이라고 말한다.

당연한 말이다.

그 당연한 말에 조련사인 엄마는 뭐라고 답하는가?

> 6. 그러자 엄마 개구리는 반딧불이
> 몇 마리를 감동이에게 주었습니다.
> 방 안이 반딧불이의 빛으로 밝아지자
> 감동이는 금세 돋보기를 찾을 수 있었습니다.

조련사는 호랑이의 행동 패턴을 너무나 잘 알고 있다.

그래서 마치 기다렸다는 듯이 반딧불이 몇 마리를 감동이에게 준다.

반딧불은 아주 작다.

하지만, 어둠이 짙을수록 빛의 밝기는 강해진다.

참으로 아이러니한 이야기이다.

우리는 절대적인 세상에 살고 있다고 흔히 착각하기 쉽지만 우리가 살고 있는 이 세상은 모두 상대적인 세상이다.

그래서 단지 반딧불이 몇 마리로 돋보기를 금세 찾을 수 있을 만큼 감동이의 방은 어두웠던 것이다.

반딧불이 상징하는 바는 무엇일까?

그것은 작은 깨달음일 수 있다.

아주 작은 깨달음, 그것이 시작이다.

당신이 이 동감을 펼치는 작은 시작, 그것이 반딧불일 수 있다.

혹은 당신의 작은 감사

그것이 반딧불일 수 있다.

혹은 당신의 작은 배려

그것이 반딧불일 수 있다.

혹은 당신의 작은 친절

그것이 반딧불일 수 있다.

당신의 반딧불은 당신의 세상이 어두울수록 빛을 발할 것이다.

하지만, 참 아이러니하게도 당신의 세상이 어두울수록 당신은 그 반딧불을 찾지 않을지도 모른다.

왜냐하면, 그러면 당신은 청소 시간이 시작될 것이기 때문에 그것을 미룰 수 있는 대로 미루고 싶을 것이다.

하지만, 미루면 미룰수록 당신은 찌든 때를 청소해야 하는 딜레마에 역시 빠지게 될 것이다.

당신이 당신의 반딧불을 통해 돋보기를 찾는다면, 당신은 당신의 방을 구석구석 청소하는 데 성공할 수 있다.

참 재미있는 사실은 당신의 방을 청소하는 것은 다른 사람이 절대 대신할 수 없다는 것이다.

그것은 당신이 용변을 보고 뒷처리를 남들에게 시키지 않는 것과 같은 이치이다.

7. 그러고 나서 감동이가 밖을 바라보자 밖은 아까처럼 잘 보이지 않았습니다. 달빛은 여전했지만 방 안이 밝아지자 밖은 잘 보이지 않아졌습니다.

참 이상한 일이 벌어졌다.

돋보기를 찾고 방이 밝아지자, 바깥은 아까와 달리 그리 밝게 보이지 않게 되었다는 것이다.

방 안이 밝아지면 왜 바깥은 잘 보이지 않게 될까?

그것은 과학적으로 너무나 간단하고 당연한 이치일 것이다.

하지만, 이것은 과학적 뿐만 아니라, 우리의 삶에서도 너무 잘 적용됩니다.

여러분이 다른 사람들의 단점을 보게 되면, 여러분은 마치 흥분한 강아지처럼 그것을 물어뜯고 싶어할지도 모른다.

하지만, 당신이 당신의 부족함을 성찰하게 된다면 당신은 그것으로 인해 타인을 비판하는 시선을 멈추게 되고, 자신에 대해서 더 깊은 성찰을 추구하게 된다.

이것이 바로 자신 안의 불이 켜진 것에 대한 좋은 예가 될 수 있다.

바깥으로 향했던 모든 시선은 나쁜 것을 찾아서 비판하는 능력을 통해 자신 안에 나쁜 것을 만들어내고, 좋은 것을 찾아서 자신에게 그것이 없음을 한탄하게 만든다.

그러니 밖으로만 향했던 우리의 삶이 행복하지 못한 것은 너무나 당연한 것이다.

하지만, 그 시선이 안으로 향하는 동안 우리는 나의 단점을 보완하고, 나의 좋은 점을 발전시켜나갈 것이다.

그리고 타인에게 보이는 나쁜 점들을 거울삼고, 타인에게 좋은 것들을 격려해주고, 축하해주며, 타인의 소유에 흔들리지 않을 수 있을 것이다.

이것이 바로 자신 안의 불을 켜는 것이다.

8. 감동이는 엄마를 불렀습니다.
"엄마, 이상한 일이 일어났어요.
아까까지 밝던 바깥이 방 안이 밝아지니까
잘 보이지 않아요."

이제 감동이의 마음속에 반딧불이 켜지기 시작한다.
감동이는 엄마에게 이상한 것을 이야기한다.
뭔가 이상한 것을 발견한 것이다.
이상하다는 것은 깨달음이다.
깨달음은 모순의 발견이다.
특히 자신 안에서 발견된 모순, 그것이 깨달음이다.
그 모순은 사실은 편견이다.
그러니까, 깨달음은 그 편견이 깨어진 것을 이야기한다.
보이지 않는 것은 호랑이에게 없는 것이다.
이것은 아주 이상한 것이다.
왜냐하면, 보일 때는 분명한 확신이 있었는데, 보이지 않게 되면 확신이 없어진다.
보이거나 보이지 않거나, 존재하는 것은 존재하고, 존재하지 않는 것은 존재하지 않는다는 것은 당연하다고 우리 모두는 생각할 것이다.
하지만, 이 당연하고 보편타당한 것이 실제 우리 삶에서는 그렇지 않다는 것이다.
예를 들어 당신에게 사과를 하나 보여주고, 당신의 눈을 가린 후 당신에게 사과가 있는지 없는지를 물으면 당신은 매우 당황할 것이 뻔하다.

왜냐하면, 당신이 지금까지 본바로는 있는 것이 맞을 텐데, 눈을 가린 그 순간 누군가 그 사과를 치웠다면, 당신은 그것이 있다고 장담할 수만은 없을 것이기 때문이다.

이것은 현대 물리학을 대표하는 양자물리학의 개념에서는 더욱더 혼란스럽다.

그것은 심지어 물질이 관찰할 때는 있고, 관찰하지 않을 때는 없다고 할 정도의 비약으로 치닫기 때문이다.

9. 엄마는 빙그레 웃으며 말했습니다.
"네가 생각을 깊이 할 때 엄마가 부르는 소리가 들리지 않는 거랑 같지 않을까?"

엄마는 현실 세계에서 일어나는 이 일을 형이상학적 차원으로 끌어올린다.

깊은 생각에 잠겨본 적이 있는가?

이때 당신은 누군가 당신을 부르는 소리를 듣지 못할 수도 있다.

혹은 정반대의 경우도 유효하다.

예를 들자면, 당신이 드라마에 한껏 빠져있을 때, 누군가 당신을 부른다면 당신은 정신이 팔려 그것을 들을 수 없을 수도 있다.

이처럼 우리의 세계는 오묘하다.

굳이 당신의 세계가 아니더라도 당신은 수많은 세계 중의 하나에 빠져버릴 수 있다.

그리고 그 세계에 빠질 때는 쉽게 나올 수 있을 것이라고 생각할 수도 있겠지만, 사실은 한번 빠지고 나면 나오기가 그리 호락호락한 것이 아닐 수도 있다.

더더군다나 지금의 세계는 가히 정신분열의 세계라 할 만하다.

왜냐하면, 카톡을 켜면 수많은 가상의 세계들이 펼쳐지고, 당신이 그곳에 몰입하기를 기대한다. 당신의 정신세계가 얼마나 대단한가를 보여주는 한 단면이기도 하지만, 당신의 정신이 얼마나 난도질 당하고 있는지를 보여주는 다른 한 면이기도 하다.

당신의 정신이 이처럼 분열되어 있다는 것에서 그치면 좋겠지만, 당신의 정신은 거기서 그치지 않고, 그 각각의 공간에서 사랑 받기 위해 몸부림치는 호랑이로서 다시 부활하고, 수많은 공간에서 사랑받기 위해 애쓰다가 처절한 패배를 맞고 멍하니 정신을 추스리게 될 것이다.

하지만, 다시 힘을 되찾게 되면 당신은 또 그 승산 없는 싸움을 할 것이고, 그렇게 당신은 늙어 갈 것이다.

그것이 일반적인 삶을 살아가는 사람들의 비참한 삶이다.

하지만, 당신은 다르다.

왜냐하면, 이 동감을 펴들었고 이곳까지 읽어오고 있다.

나는 이 동화들로 구성된 동화심리상담사 과정을 만들어 수년간 수많은 사람들과 세션을 함께 하면서 수많은 기적들을 체험했다.

그들은 먹던 정신과 질환 약들을 끊었고, 자신의 삶이 기적으로 바뀌고 있음을 고백한다.

그리고 나에게 감사를 표하지만, 딱 잘라서 말하자면 그것은 나로 인한 것이 아니다.

왜냐하면, 나는 그냥 질문할 뿐이다.

그러면 그들은 스스로 그 모순을 찾아내고 해결한다.

나는 그저 배울 뿐이다.

그렇게 되는 이유는 딱 하나다.

그것은 그들은 이미 훌륭한 조련사이기 때문이다.

다만 아직 그들이 그것을 모를 뿐이었다.

나는 다만 질문으로 그들의 조련사를 깨울 뿐이다.

그러면, 그들은 지금까지 밖으로 향했던 모든 시선을 안으로 모으며, 자신에게 집중하고, 그 순간 모든 괴로움이 끝나고 행복이 시작된다.

10. 감동이는 뭔가를 깨우친 듯 말했습니다.
"아. 그러니까 엄마가 저를 사랑하니까, 제가 부족한 부분도 보지 않고 안아 주는 것과 같은 거네요?"

이제 마지막으로 감동이가 이야기한다.

모든 비밀은 "사랑"에 있다고 말이다.

사람들은 흔히 사랑을 세 가지로 나눈다.

하나는 남녀 간의 사랑인 에로스의 사랑.

또 하나는 정신적인 사랑인 플라토닉 사랑.

마지막은 무조건적인 사랑인 아가페적 사랑.

이렇게 말이다.

그런데 나는 사람들에게 물어보았다.

과연 남녀 간의 사랑에서 에로스적인 사랑밖에 없었느냐고.

그랬더니 사람들은 좀 헷갈려 했다.

남녀 간의 관계에서도 관계의 성숙에 따라 누군가는 플라토닉 사랑을 많이 나누기도 하고, 심지어는 아가페적 사랑을 느끼기도 했다.

어떤 사람은 자식과의 관계에서조차 아가페적 사랑이 아니라, 자신의 욕구를 만족시키는 에로스적 사랑을 하는 이도 있다.

그것은 카테고리의 문제가 아니라 깊이의 문제였다.

그러므로 진정한 사랑은 가장 깊은 곳의 사랑일 수밖에 없다.

사람들은 사랑할 때 행복해 한다.

또한 자유로울 때 행복해 한다.

하지만, 이 둘은 하나이다.
다시 말해서, 진정으로 사랑할 때 자유로워진다는 것이다.
에로스적인 사랑은 감각적인 사랑이다.
그러므로 우리의 느낌을 따라 형성된다.
그것은 상대에 집중된 것이 아니라, 나의 느낌에 집중되어 있다.
그렇기 때문에 소유하고 싶고, 소유하면서 괴로워진다.
왜냐하면, 다 소유할 수 없기 때문이다.
플라토닉 사랑도 마찬가지이다. 이것은 정서에 따라 형성된다.
이것 역시 느낌과는 조금 다를 수 있지만, 관계에 의해서 형성되므로 이해관계의 충돌이 발생한다.
그렇지만, 아가페적 사랑은 대상의 반응에 별로 관계가 없다.
매우 이기적인 사랑이다.
그냥 그가 어떻거나 관계없이 나는 사랑한다.
'나'라는 장벽이 사라진다.
우리가 가끔 경험하는 무아의 경험을 하는 것이다.
즉, 나는 '나'라는 생각에 의해서, 자유를 구속당했던 것이다.
그것으로부터 벗어나 진정한 사랑으로 한걸음 나가라는 말씀이 혹시 "서로 사랑하라."는 말씀은 아니었을까?
그때 서로 공(空) 함으로써 하나가 된다.
그래서 부족한 것이 중요하지도 눈에 들어오지도 않는다.
그냥 사랑한다.
아무 조건 없이 말이다.
그러므로 당신은 행복해질 것이다.

Self 심리상담

1. 당신이 남을 비난하고 비평했을 때의
기억과 느낌을 적어보세요.

사람들은 누구나 다른 사람들을 비평하고 비난하기를 좋아합니다.

그러면서 자신의 존재감이 돋보일 것이라고 본능적으로 착각하면서 말입니다.

'나는 그보다 나은 사람이다.'라는 생각이 기저에 깔려 있는 것입니다.

하지만, 이 페이지의 질문에 답하면서 느끼셨을 여러분의 마음처럼, 그때의 기억을 떠올리면 아이러니하게도, 여러가지 부정적인 감정들을 발견하게 되었을 것입니다.

그것은 바로 미안함, 부끄러움 등등일 것입니다.

비록 그가 분명히 비판 받아야 마땅하다고 느꼈을 때조차도 말입니다.

이것은 마치 배설의 욕구와도 비슷합니다.

배가 아파서 화장실에 가서 용변을 보면 시원하지만, 그 내용물을 보면 더럽기 그지 없지요.

자신에게서 나온 것을 우리는 대체로 싫어합니다.

부정적인 생각들은 용변처럼 쏟아내야지만 하는 것은 아닙니다.

그냥 내 안에서 순화시켜서 아예 발생되지 않게 할 수 있습니다.

2. 우리는 어떻게 그렇게 쉽게 다른 사람의 부정적 부분을 잘 보게 될까요?

네, 맞습니다. 동화에서 보는 것처럼 우리는 습관적으로 밖을 내다보게 되어 있습니다. 자신을 살펴보지는 않고, 바깥의 것들만을 내다보는 데 익숙한 삶입니다.

사회적 풍토가 그러하고, 미디어들이 하루가 멀다하고 다른 사람들의 잘못을 보고 비판하도록 도와줍니다.

하지만, 그런 bad news들을 접하면서 우리의 삶은 행복한가요?

절대로 그렇지 않습니다.

우리는 그들의 부정적 부분을 보며, 그들을 닮아가고 있는지도 모릅니다.

나쁜 것을 보는 행위만으로도 나쁜 것이 내재된다는 아주 이상한 원리로부터 우리는 자유롭지 못합니다.

자신 안의 불이 꺼진 채 바깥을 향한 가로등만 켜고 살아가기 때문에 자신의 안은 엉망이 되어 가는 것입니다.

개구리 교실은 뒤죽박죽이 되어 있죠.

바깥 세상을 구경하면서 욱이랑, 짜증이랑, 잘난이들이 활개를 칩니다.

그것이 당신의 병이 됩니다.

3. 오늘 아침에 있었던 일을 한번 적어보세요.

    당신은 아마도 오늘 아침에 눈을 뜨고, 세수를 하고, 거울을 보고, 머리를 가다듬고, 어떤 옷을 입을까 생각하다가 마음에 드는 옷을 골라 입고, 마음에 들도록 머리를 빗어보고, 얼굴에 뭔가를 발랐을 것입니다.
    그리고 여러 신발들 중에 하나를 선택해서 신었을지도 모르지요.
    지금 당신의 모습은 오늘 아침 당신이 당신과의 대화를 통해서 선택한 결과입니다.
    당신의 현재의 모습 역시 그렇습니다.
    당신의 물음에 당신이 답한 것입니다.

    그런데 우리는 현재의 모습을 보면서 후회합니다.
    왜냐하면, 자신의 진정한 물음을 알아차리지 못했거나 대답하지 못했기 때문입니다.

    지금 당신이 당신의 모습이 맘에 들지 않다면, 당신은 지금 당신에게 질문해 보아야 합니다.
    그래야 당신은 비로소 당신의 현재를 깨닫게 됩니다.
    그리고 당신의 지금을 만들어 낼 수 있게 됩니다.

4. 자신 안에 불이 켜져 있는지 아는 방법은 무엇인가요?

자신 안에 불이 켜져 있는지 아는 방법은 간단합니다.
그것은 밖이 보이지 않고 안이 잘 보이면,
그때 비로소 당신의 방안에 불이 켜진 것입니다.
당신의 방 안의 불이 환히 켜져 있을수록 당신은 밖을 보기 힘들 것입니다.
혹시 당신이 밖에서 누군가의 비판거리를 찾더라도 당신은 당신의 방에 행여나 그런 것들이 있는지 찾는 훌륭한 도구로 그것을 사용하게 될 것입니다.
그리고,
당신은 환한 당신의 방에서 당신의 개구리들과 대화할 것입니다.
그리고 진정한 당신 개구리들의 선생님으로서 반장과 함께
어떻게 하면 좋은 교실이 될 지를 생각하게 될 것입니다.
그리고 당신의 개구리 교실이 훌륭하게 잘 정비될 때,
비로소 당신은 편안한 사람이 될 것입니다.

당신이 원하지 않는 다른 사람들의 존경을 받으면서 말입니다.

5. 자신의 방에 불을 켜는 방법은 무엇이 있을까요?

멍게는 자신이 안착할 바위에 몸을 붙인 뒤, 자신의 뇌를 갉아 먹는다고 합니다.
자신의 행위를 관찰할 이유가 없어졌기 때문입니다.
뇌의 가장 기본적인 기능 중의 하나가 바로 자신을 관찰하는 것입니다.
우리의 뇌는 자신을 관찰하는 행위를 중지한 지 오래입니다.
그리고 남의 행위를 관찰하기 시작했습니다.
그러나 우리 뇌의 지적 발달과 관계없이 우리의 영적 퇴화는 매우 가속화되고 있는 듯합니다.
그래서 우리는 수많은 정신질환에 시달리고 있는지도 모릅니다.
자신의 방에 불을 켤 때 비로소 이런 문제들이 하나둘 사라질 것입니다.

이 동화 처방전을 따라 오시는 동안 우리는 이미 자신의 방에 불을 켜고 있습니다.

하지만 동화 처방전, 기초 마음 사용법의 마지막 기법을 여러분께 제시하면서 마무리하겠습니다.

자신의 행위를 관찰하는 습관을 가지십시오.

손의 움직임, 발의 움직임, 눈의 깜박거림, 근육의 떨림,

시간이 날 때마다 당신의 몸 곳곳에서 일어나는 모든 일들을 관찰하는 습관을 가져보십시오.

그리고 숨의 들이쉼, 내쉼, 모든 것들을 틈틈이 관찰하십시오.

나를 정확히 안다는 건 대단히 중요한 일입니다.

그리고 당신이 작성해 놓은 노트를 다시 보면서, 가능하다면 다시 한 번 작성해 보십시오.

동감

2022년 03월 11일 초판 1쇄 인쇄 | 2022년 03월 18일 초판 1쇄 발행

저자 박이철 | **발행인** 장진혁 | **발행처** (주)형설이엠제이
주소 서울시 마포구 월드컵북로 402 KGIT 상암센터 1212호 | **전화** (070) 4896-6052~3
등록 제2014-000262호 | **홈페이지** www.emj.co.kr | **e-mail** emj@emj.co.kr
공급 형설출판사

정가 25,000원

ⓒ 2022 박이철 All Rights Reserved.

ISBN 979-11-91950-08-3 03180

* 본 도서는 저자와의 협의에 따라 인지는 붙이지 않습니다.
* 본 도서는 저작권법에 의해 보호를 받는 저작물이므로 동영상 제작 및 무단전재와 복제를 금합니다.
* 본 도서의 출판권은 ㈜형설이엠제이에 있으며, 사전 승인 없이 문서의 전체 또는 일부만을 발췌/인용하여 사용하거나 배포할 수 없습니다.

동감

가슴으로 읽는 동화 처방전

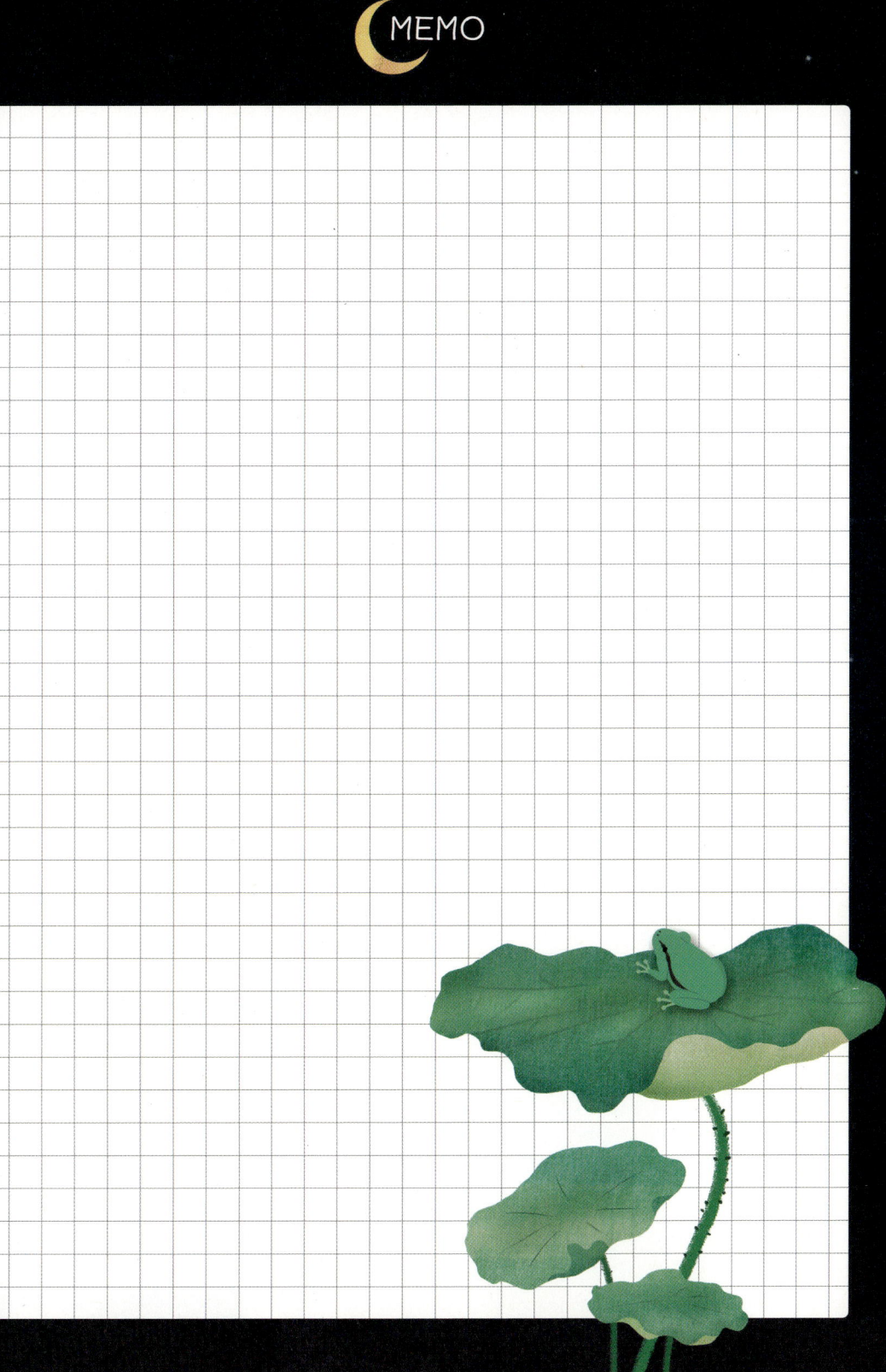

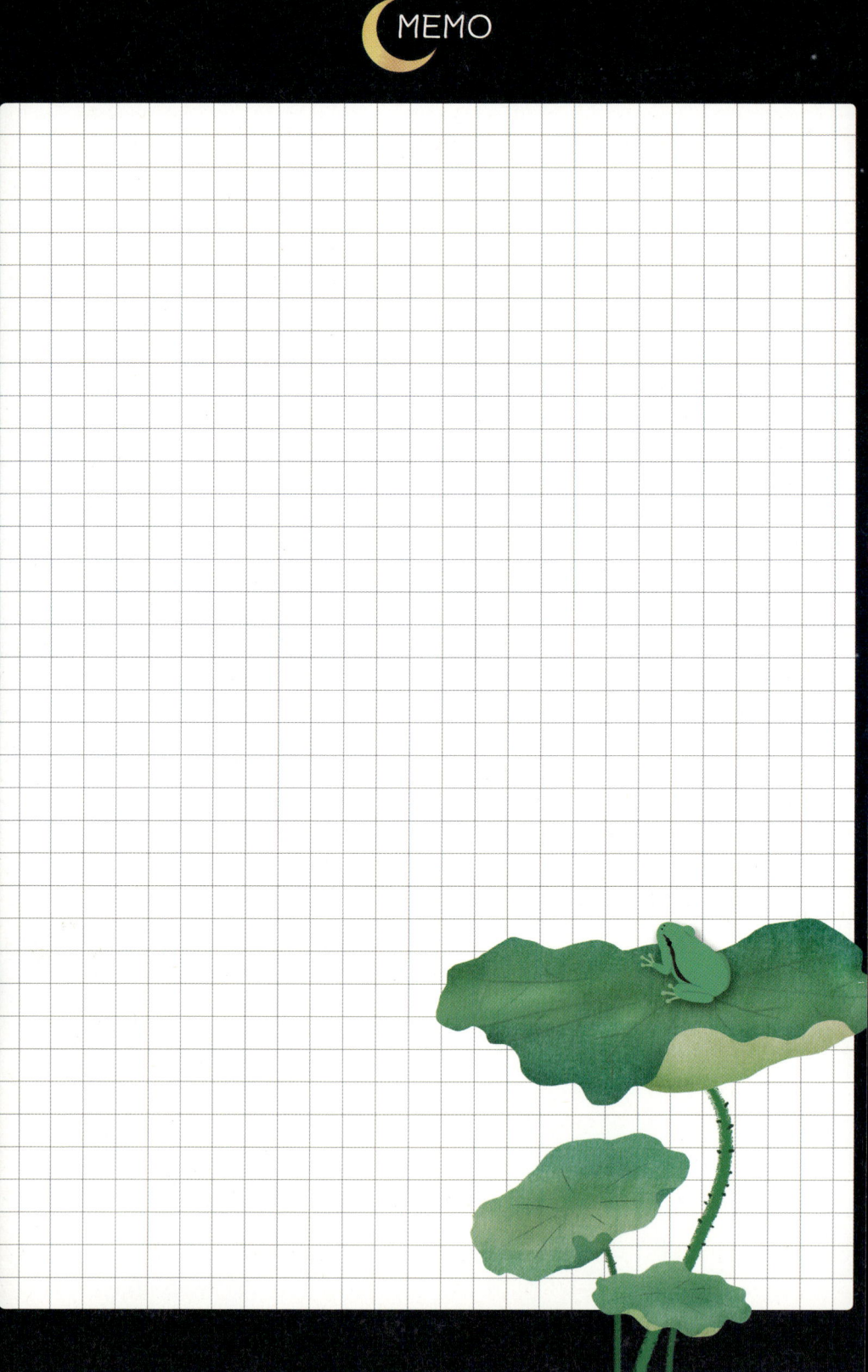